端银 —— 编著

Profit from WeChat Moments

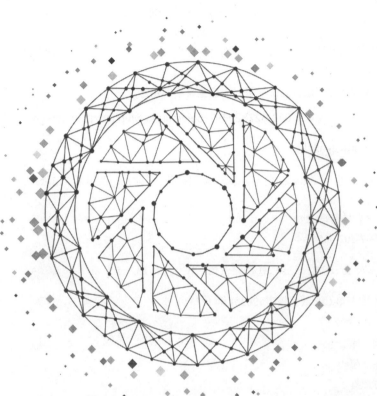

玩赚微信朋友圈

私域流量成交与变现

清华大学出版社
北京

内容简介

本书由"90后"朋友圈营销课程全网销售领先者、成交力课程主讲、私域流量变现践行者端银老师，根据25万人订阅学习的私域流量成交课程精心编写。

本书是一本能让你的产品"卖出去"和"卖上价"的变现秘籍，从定位、引流、规划、文案、配图、小视频、活动、成交力、影响力、变现力十大技能出发，告诉你如何通过微信朋友圈私域流量池打造个人品牌，洞察客户购买心理，颠覆传统营销思维，把成交做到极致。

本书适用于自媒体、新媒体人士，特别是对微信朋友圈、私域流量感兴趣的读者。

本书封面贴有清华大学出版社防伪标签，无标签者不得销售。

版权所有，侵权必究。举报：010-62782989，beiqinquan@tup.tsinghua.edu.cn。

图书在版编目(CIP)数据

玩赚微信朋友圈：私域流量成交与变现 / 端银编著．—北京：清华大学出版社，2021.4
（2024.7 重印）
（新时代·营销新理念）
ISBN 978-7-302-56544-4

Ⅰ．①玩… Ⅱ．①端… Ⅲ．①网络营销 Ⅳ．① F713.365.2

中国版本图书馆 CIP 数据核字 (2020) 第 187330 号

责任编辑：刘　洋
封面设计：徐　超
版式设计：方加青
责任校对：王荣静
责任印制：沈　露

出版发行：清华大学出版社
　　网　　址：https://www.tup.com.cn，https://www.wqxuetang.com
　　地　　址：北京清华大学学研大厦 A 座　　邮　编：100084
　　社 总 机：010-83470000　　邮　购：010-62786544
　　投稿与读者服务：010-62776969，c-service@tup.tsinghua.edu.cn
　　质 量 反 馈：010-62772015，zhiliang@tup.tsinghua.edu.cn
印 装 者：三河市东方印刷有限公司
经　　销：全国新华书店
开　　本：170mm×240mm　　印　张：15.75　　字　数：258 千字
版　　次：2021 年 4 月第 1 版　　印　次：2024 年 7 月第 5 次印刷
定　　价：69.00 元

产品编号：086706-01

序言
PREFACE

微信是用来赚钱的

三年前,笔者还是一个月薪只有1 000元的实习生,没有经验,没有资源,更没有人脉。和所有打拼在一线城市的同龄人一样,虽踌躇满志,却囊中羞涩。

毕业第一年,每天吃得最多的就是深圳华强北10元出头的快餐。难得有一次想去超市买火龙果,一上秤,13元,没舍得买,拎着这个火龙果,趁四下无人悄悄放回货架。

而如今,笔者已是新榜学院、创业邦等多家平台的签约微信营销导师,服务过世界500强的小米和安利集团,有超过20万人次通过网络听过笔者的微信朋友圈营销课程。一个农村出身的穷小子,终于有机会登上聚光灯下的大舞台,实现年入百万元。

但笔者写这本书绝不是炫耀过去的逆袭故事,也不是为了彰显自己多么厉害,而是想告诉大家,在互联网时代,每一年都至少有一次创富的机会,只要你稍微有点网感,你也能做到只靠一部手机和微信就可以持续掘金。

笔者在大学期间就广泛地自学研究商学知识,受《浪潮式发售》作者杰夫·沃克的影响最大,谈及"如何用一封邮件在24小时内赚到100万美元"真的让人兴奋不已。邮箱是当时美国人常用的沟通工具,然而今天在国内最大的沟通工具是什么?是微信!正所谓人在哪里,机会就在哪里,财富也将堆积在哪里。

微信出现后，笔者就开始钻研怎么玩微信。一次偶然的机会，笔者在朋友圈发表了一个付费的读书专栏，没想到1个小时内就赚到了488元。当时可把笔者乐坏了，这只是发发朋友圈而已，就赚到了笔者当时差不多半个月的工资！

当笔者发现微信真的可以赚钱后，笔者总幻想着有一天要成为第二个"杰夫·沃克"。通过对微信生态的研究，笔者开始专注研究个人微信号、朋友圈和微信群的每一个细致的玩法，钻研微信的赚钱门道。花了一年多的时间去实操后，成果惊人：发一条朋友圈收入了5 000元；通过总结微信朋友圈的实操技巧，利用知识付费，一个月就收入了22万元；因为一条朋友圈，获得一家知识电商抛出的"橄榄枝"，直接成为联合创始人；做了一个付费微信社群，发售1小时后，收款21万元；操盘小米社交电商项目，通过一个月时间将团队从0做到1 000多人，笔者设计的一整套自动化招商成交系统每周创造100万元的业绩。

分享这些案例，是想让更多的小伙伴知道，通过微信，真的可以赚很多很多的钱。是的，你不一定要成为微商，也不需要整天刷屏、群发打广告，也能靠自己的实力优雅地赚钱。

你可能会觉得，这怎么可能呢？不刷屏，不群发，别人能看到你的产品吗？少安毋躁，要知道微信阵地可不只是朋友圈，还有个人号和微信群。只要经营好这三大流量池，你将有机会把小小的微信变成一棵"摇钱树"。

例如，在服务小米社交电商平台推广时，我们并不是每天都发朋友圈，加了笔者微信的人都知道笔者几乎不发广告。那么，我们是怎么做到每周成交100多万元的业绩呢？

其实，我们成交路径设计得非常简单，只是通过朋友圈、微信群和个人号向用户传递项目的价值，感兴趣的人会进入项目的推荐环节。这里的成交逻辑是：**忘掉卖货，忘掉成交，先和用户交朋友，只提供价值，而不做疯狂推销。**

通过个人号＋朋友圈＋微信群，三大流量池同时发力，我们迅速把业绩做到100多万元，并且如法炮制，把它标准化成流水线作业，只要新人一进来就可以按照我们设计好的SOP（Standard Operation Procedure，标准操作程序）直接复制赚钱。

学员陈燕，她是一个在家带着两个孩子的宝妈，因为着急赚钱，所以做了微商，代理产品都在朋友圈卖，她的上线代理商要求她每天必须发 50 条朋友圈——不定时地群发好友。

结果没过多久，自己不但没赚到钱，还囤了 20 多万元的货，亲戚朋友们都把她拉黑了，当时笔者也差点删除了她。直到有一天，她找到笔者私聊，笔者告诉她：你的微信就是你的品牌，只有打造出自己的品牌招牌，才能卖好货。笔者给了她几个建议。

（1）**精准定位**。笔者让她花时间分析自己的潜在客户都是哪些群体，他们面临的痛点是什么，以及他们真正需要的是什么。

调查完发现，原来微信上大部分是有 0～6 岁宝宝的宝妈，她自己也是宝妈。于是笔者建议她卖高频复购的母婴产品，并重新打造她的人设和对外形象，包括微信昵称 + 头像 + 签名 + 封面 + 业务范围 + 朋友圈内容规划等。

（2）**客户互动**。笔者建议她不定期地在朋友圈做活动，拉拢与客户的关系。同时，也要主动去关注好友们的动态，如朋友圈有人晒宝宝生日，可以去发祝福和小红包。以增加感情联系构建信任，而不提卖产品。现在她每天只发 1～2 条朋友圈，客户主动咨询数量却是原来的 5 倍。

（3）**引流成交**。笔者辅助她构建自己的个人微信流量池，只学一个可以用得上的涨粉技巧，并且持续优化，把涨粉效果做到最好。现在她不发广告，也有很多好友源源不断地加进来向她索取资料。她说，那种感觉真的太爽了。

接着，笔者又告诉她，加进来的好友如果不去沟通建立信任，那么加进来的不过是僵尸粉，永远赚不到钱。她采用了笔者规划好的 631 法则——把 60% 的精力投入在精准、有意向客户的一对一沟通上，花 30% 的时间去做社群发售成交，再花 10% 的精力去运营好朋友圈。

按照这套法则，目前陈燕的产品卖爆了，销售额是过去的 20 倍。

这套法则不仅适用于笔者和陈燕，我们很多的学员也将其应用到了直销、保险、珠宝、教育培训、化妆品、农特产、服装、餐饮、生活快销品等各行各业，且都取得了非常显著的成效。

李雯，某保险公司业务员，用笔者分享的法则打造形象并有规律地发圈，有一天一个客户直接和她签了两个 50 万元的保险大单。

小郭，用笔者给她设计好的微信群发售路径，靠卖家乡脐橙单月净营收过 10 万元。

从事珠宝行业的 Grace，同样沿用花 60% 精力去做一对一私聊的方式，维系好老客户，现在她只靠老客户复购和转介绍每年就能做到300万元的业绩。

……

以上这样的成功案例数不胜数，笔者的学员里面有宝妈、上班族，甚至还有67岁的老奶奶，他们都是零基础接触微信营销的人，却能够依靠微信每个月多赚几千元甚至上万元。

当你读到这里，如果你现在用微信只是用来闲聊，每天打开朋友圈只是用来打发时间，那么笔者奉劝你：你该醒醒了，你的微信是用来赚钱的，不是用来浪费生命的。

在这本书里，笔者把过去3年多研究微信赚钱的秘籍全部进行了总结。这是一套无论什么背景和学历出身，都能够轻松掌握的实操干货，而且你越看到后面就越会有一种融会贯通的感觉。

希望有更多的读者可以通过本书掌握人人都可以复制的玩赚微信的秘诀，借着微信拥有10多亿名用户的"东风"，实现你个人财富的倍增。同时，也欢迎你把本书分享给更多有需要的人，让他们就此开启微信掘金之旅。

端银

2020年11月

目录
CONTENTS

第 1 章 速知：朋友圈私域流量 / 001

1.1 公域流量和私域流量 / 002
1.2 私域流量的火爆和公域流量的衰退 / 005
1.3 采用朋友圈私域流量模式的好处 / 007
1.4 微信流量池经营的特点和优点 / 009
1.5 打造微信私域流量 / 011
1.6 适合做私域流量的产品或服务 / 015

第 2 章 定位：打造独具特色的高价值朋友圈 / 020

2.1 个人定位，通过极简信息占领用户心智 / 021
2.2 让自己的定位变得更加精准 / 022
2.3 定位不是找出来的，是靠双手做出来的 / 024
2.4 微信定位的具体落实 / 025
2.5 打造有好感的微信头像 / 027
2.6 通过 3 种昵称命名方式建立有辨识度的个人品牌 / 030
2.7 像"大 V"一样打造有定位感的个性签名 / 033
2.8 朋友圈运营的七大误区，警醒你别再踩坑 / 035
2.9 不了解用户就等于盲人摸象 / 039

第3章 引流：提高朋友圈黏性和转化 / 041

3.1 将公域流量导入微信私域流量池 / 042

3.2 发动已有粉丝进行自传播 / 045

3.3 精准涨粉的3个层次 / 046

3.4 抖音导流微信，最大化挖掘粉丝价值 / 051

3.5 8种平台互推导流至微信的方法 / 053

3.6 为何加你好友：让用户看到你的价值 / 064

3.7 让人加你：福利、联络人、合作、文案 / 065

第4章 规划：做好展示个人的内容规划 / 068

4.1 朋友圈内容规划的三大核心：定位、人设、调性 / 069

4.2 内容规划的落地点，让人忍不住星标的价值内容 / 070

4.3 不靠广告，吸引成交的内容都是这样发的 / 074

4.4 魅力内容规划，合格的内容规划搭配技巧 / 077

4.5 魅力文字表达，提升个人魅力的表达秘诀 / 078

4.6 6种朋友圈发文的攻略和技巧 / 081

第5章 文案：你也能成为朋友圈的好文案写手 / 087

5.1 文案写手，就是坐在键盘后面的销售人员 / 088

5.2 3个在写好文案前要知道的底层逻辑 / 089

5.3 每月多赚3 000元的朋友圈文案模板 / 092

5.4 10个写好文案的万能技巧 / 095

5.5 两大决定点击率的实用标题写法 / 099

5.6 公众号文章展现的最佳格式 / 101

5.7 增加人情味，让文案成为关注的焦点 / 102

5.8 利用文字突出价格，醒目夺眼球 / 103

第6章 配图：提升你的审美和搜商才是上策 / 106

6.1 搜索高大上的朋友圈配图的途径 / 107

6.2　3 种帮助你搜到好图的方法 / 110

6.3　1 分钟快速做出社群全家福图 / 113

6.4　受人喜爱的视觉化文字云图片 / 118

6.5　设计简洁好看的创意二维码 / 123

6.6　8 大手机拍照神器轻松制图 / 128

第 7 章　小视频：朋友圈现场感的内容呈现必备 / 133

7.1　拍摄微信小视频，牢记 8 个要素 / 134

7.2　套用小视频模板，既方便又实用 / 137

7.3　剪裁小视频画面，时长严格把控 / 139

7.4　用 Vue 制作特效，拍出精致镜头 / 140

7.5　加视频水印标签，树立品牌效应 / 145

7.6　修改小视频声音，运用会声会影 / 146

7.7　加视频背景音乐，渲染视频气氛 / 148

7.8　转发宣传小视频，拉动销售额度 / 152

第 8 章　活动：让普通个体快速实现低成本引爆传播 / 154

8.1　群裂变：利用免费资源引导用户传播 / 155

8.2　任务裂变：通过做小小的传播任务获取免费资源 / 158

8.3　分销裂变：分享活动二维码，获得高额分销回报 / 159

8.4　找到要传播的点，策划刷爆朋友圈的活动 / 165

第 9 章　成交力：让好友心甘情愿地埋单还帮你分享 / 170

9.1　普通人才卖产品，聪明人都在营销自己 / 171

9.2　学会这 3 招，让好友心甘情愿埋单 / 174

9.3　3 步成交陌生用户，既复购又转介绍 / 177

9.4　精准营销目标用户，日赚 1 万元的销售技巧 / 182

9.5　月入 10 万元 + 的个人商业模式案例梳理 / 187

第10章 影响力：建立个人品牌，打造你的个人IP / 193

10.1 打造好信任形象，变现是迟早的事情 / 194

10.2 4种办法让你在群聊中获得用户信任 / 198

10.3 在朋友圈做造势营销，彻底打响个人品牌 / 201

10.4 通过分享，百倍放大个人影响力 / 204

10.5 每天3条朋友圈，手把手教你成为朋友圈意见领袖 / 207

10.6 6大IP运营，用私域流量池撑起自由 / 211

第11章 变现力：赚钱才是检验运营能力的最终标准 / 216

11.1 转化变现，搭建私域流量池的最终目的 / 217

11.2 普通人如何做一个年入11万元的会员社群 / 222

11.3 3种微商变现的方式 / 227

11.4 4种IP品牌变现的方式 / 228

11.5 6种自明星变现的方式 / 232

11.6 通过提供干货内容获取收益 / 236

11.7 流量成交，把别人的人脉变成你的单子 / 240

第 1 章

速知：朋友圈私域流量

学前提示

对任何生意来说，用户都是最重要的因素。如果你拥有成千上万的专属用户，那么，不管做什么事情，都会更容易取得成功。因此，我们每个人都需要获取用户，打造自己的专属私域流量池。本章主要从6个方面进行详细阐述，希望帮助读者快速了解什么是朋友圈私域流量。

要点展示

- 公域流量和私域流量
- 私域流量的火爆和公域流量的衰退
- 采用朋友圈私域流量模式的好处
- 微信流量池经营的特点和优点
- 打造微信私域流量
- 适合做私域流量的产品或服务

公域流量和私域流量

私域流量是相对于公域流量而言的,其中"私"是指个人的、私人的,与公域流量的公开相反;"域"是指范围,即该区域的范围到底有多广;"流量"则是指具体的数量,如人流数、车流数或者用户访问量等。后面这两点私域流量和公域流量都是相同的。

1. 公域流量

公域流量是指商家通过活动或付费等形式,遵循平台的规则而获取的流量,这里的流量是由平台掌握的,不属于个人。简而言之,公域流量就是公共区域的流量,是大家可以共享的流量。以下笔者将通过举例的方式让大家可以更直观地了解公域流量。

公域流量的渠道非常多,包括门户网站、超级APP和新媒体平台,图1-1列举了一些公域流量的具体代表平台和流量规模。

从图1-1所示平台的数据可以看到,这些平台都拥有亿级流量,并且通过流量来进行产品销售。它们的流量有一个共同特点,即流量都属于平台,均为公域流量。商家或者个人在入驻平台后,可以通过各种免费或者付费方式来提升自己的排名,推广自己的产品,从而在平台上获得用户和成交。

我们要在公域流量平台上获得流量,就必须明白这些平台发展过程中的3个特色,具体如下。

(1)在平台初期,流量成本通常比较低,此时要把握平台红利,让自己快速得到发展。

(2)当平台愈发成熟时,流量成本也会随之提高。

(3)平台成长到一定规模后,会通过收费来分配流量。

因此,不管你做什么产品,都需要多关注这些公域流量平台的动态,对于那些有潜力的新平台,一定要及时入驻,并采取合适的运营方法来收获平台红利。如果你在平台的成熟期进入,那么就要比别人付出更多努力和更高的流量成本。

第1章 速知：朋友圈私域流量

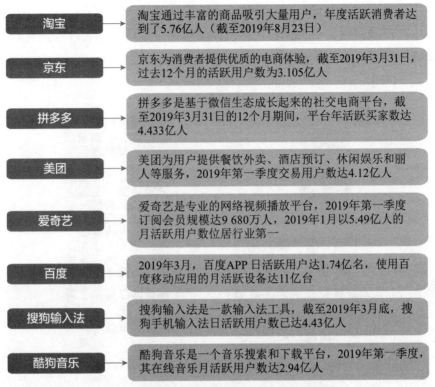

图1-1 公域流量的具体代表平台和流量规模

对电商企业来说，这些公域流量平台最终都是需要付费的，你赚到的所有钱也都需要给它们分一笔。而对那些有过成交记录的老客来说，这笔费用就显得非常不值。当然，平台对于用户数据保护得非常好，因为这是它们的核心资产，企业想要直接获得流量资源非常难。这也是大家都在积极将公域流量转化为私域流量的原因。

2. 私域流量

私域流量是指一个私人区域或平台的流量，是通过个人的沉淀和积累获得的精准流量。对于私域流量，目前并没有统一的具体定义，但是私域流量有一些共同的特点，如下。

（1）私域流量可以多次重复使用。

（2）私域流量是完全免费的，用户无须为此支付成本。

（3）朋友圈运营者可以通过私域流量随时触达精准人群，可与自己的用户直接沟通并进行管理。

例如，对微博来说，微博内容上到热门头条后会被所有微博用户看到，这里就是公域流量；再如，通过自己的微信朋友圈页面让粉丝看到我们发布的内容，这些粉丝就是私域流量，如图 1-2 所示。

图 1-2　朋友圈的个人粉丝属于自己的私域流量

私域流量是弥补公域流量缺陷的重要方式，而且企业和自媒体人还可以借助私域流量获得多个平台的红利，补足自身的短板。

3. 公域流量和私域流量的区别

公域流量和私域流量最主要的区别在于用户的触达和运营方式。公域流量的用户是平台分配的，通常是随机的且无法控制；而私域流量的用户则是可以随时触达的，同时能够灵活地进行用户运营。另外，在流量运营逻辑方面，公域流量和私域流量也有很大的区别，如图 1-3 所示。

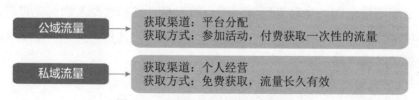

图 1-3　公域流量和私域流量的区别

从图 1-3 中可以看到，私域流量有一个很明显的特点，即需要经营，否则私域流量池无法发展壮大，反而会越来越小。

从公域流量和私域流量的区别上，我们可以进一步发现私域电商和传统电商的区别，如图1-4所示。

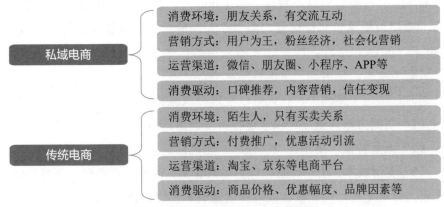

图1-4　私域电商和传统电商的区别

1.2　私域流量的火爆和公域流量的衰退

如今，国内的互联网用户数量已经超过10亿人，这与国内总人口数量非常接近。可以这样说，每个人都已经身处于网络之中，公域流量已经趋于饱和状态。移动互联网商业智能服务商QuestMobile发布的数据显示，我国移动互联网月活跃用户规模已经达到11.38亿人，如图1-5所示。

资料来源：QuestMobile TRUTH中国移动互联网数据库（2019年9月）。

图1-5　我国移动互联网月活跃用户规模趋势

私域流量的火爆，正是公域流量开始衰退的表现。例如，某个餐厅开在一条人流量非常大的商业街上，这条商业街每天的人流量可以达到2万人，每天有5%的人会看到这个餐厅，即1 000人。其中，又有20%的人会停下来看一看门口的菜单和价格表，即200人。最后真正进店吃饭的人可能只有10%，即100人。因此，即使这条商业街的流量非常大，但餐厅最终得到的用户只有100人，仅占到了总流量的0.5%。

同时，从这个案例中，我们可以发现公域流量的一些操作特点和问题。

（1）**引流方法**。餐厅可以通过打折促销活动吸引用户进店消费。

（2）**流量特征**。用户是一次性的、随机性的消费，流量不可控。

（3）**支付成本**。要想让餐厅被更多人看到，商家就需要租一个好的地段，这样租金肯定更高，因此获客成本和运营成本都比较高。

例如，阿里巴巴2013年的获客成本为50.89元；到了2017年，获取一名新用户的成本已经涨到了226.58元，4年涨幅达到了近3.5倍。然而，各行业的竞争却在不断加剧，流量获取成本不断上涨，获客越来越难。正所谓穷则思变，大家都可以努力改变思路，去挖掘更多的新流量，想方设法提升已有流量的价值。于是，私域流量开始流行，成为众人追捧的对象。因此，随着平台获客成本，即公域流量获取成本的提高，越来越多的运营者会更专注于私域流量的获取。而这样一来，私域流量的运营无疑就会变得越来越火爆。

所以，大家一定要善于打造个人品牌或IP（Intellectual Property，知识产权），将各种公域流量导入自己的个人微信中，同时通过社群来运用私域流量，培养与粉丝的长久关系，让自己的生意和事业保持长青。

除此之外，随着移动互联网的发展，人们的时间越来越碎片化，这也导致私域流量呈现出精细化和移动化的发展趋势。

图1-6所示为私域流量的变迁过程。

在新媒体时代，每个人都可以拥有自己的私域流量，获得流量的方式也从过去的传统广告变成了内容营销。对打造私域流量池来说，其中很重要的一个方向就是从内容的生产上下功夫。

随着各种内容的出现，不同领域诞生了各式各样的"网红"，他们不断分裂和细化私域流量，让私域流量朝着垂直细分的模式发展。

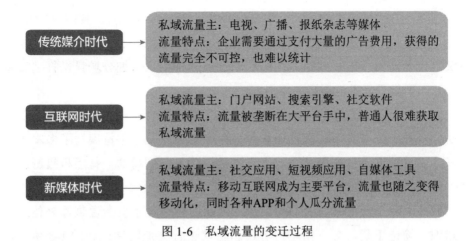

图 1-6 私域流量的变迁过程

1.3 采用朋友圈私域流量模式的好处

私域流量绝不是简单的通讯录好友名单,而是具有人格化特征的流量池。每个私域流量池都具有自己的标签,该标签也是由流量主赋予的,而流量主则可以反复利用这些私域流量。

当然,要做到这一点,我们需要改变以往的流量思维方式。互联网时代奉行的是"流量为王",而新媒体时代的主要核心是强调"用户关系",因此我们要学会利用用户思维来运营私域平台的流量。其主要包括5个方面,如下所述。

(1)站在用户角度思考问题,帮助用户做出正确的判断。

(2)帮助用户快速获取他们真正需要的东西。

(3)了解你的用户,做一个懂他们的人,而不是"冷血机器"。

(4)打动用户,用他们最关心的价值点来描述产品。

(5)着重培养思维敏感度,为用户提供更多利益点。

用户思维的关键在于获得用户信任,让你的私域流量池能够具有人格化特性。因此,打造私域流量池时应学会掌握用户思维,切实从用户角度出发,把握自身用户群体的心理和需求。

要运用用户思维,就要注意分析用户群体喜欢什么,需要什么,因为他们的喜好代表了大部分人群的喜好。只有深入广大普通用户中去,才能打造出大多数人喜欢的产品和内容,赢得粉丝青睐。

例如,"手机摄影构图大全"公众号(见图1-7)创始人构图君是一位构图分享者,他为大家原创了300多篇构图文章,提炼了500多种构图技法,不仅数量多,而且剖析细致。构图君通过摄影构图这个细分场景来打造私域流量池,聚集爱好手机摄影的用户。

为了让大家省心省时,利用碎片化的时间系统学习构图,构图君不仅每天在公众号上分享文字,而且还从各个角度为大家策划主持编写了多本摄影图书,如《手机摄影构图大全》《摄影构图从入门到精通》《手机摄影:不修片你也敢晒朋友圈》等,解决不同场景下社群用户的摄影难点和痛点。

另外,对于没有时间看书的用户,构图君还通过手机微课直播来传递摄影知识,筛选干货,分享精华内容,和粉丝进行交流沟通,如图1-8所示。不管是朋友圈还是微课,构图君都聚集了一大批忠实粉丝。

图1-7 "手机摄影构图大全"公众号　　图1-8 构图君的微课直播

"贴着标签的人"是用户思维的基础。"贴着标签的人"是指忠实粉丝,有共同兴趣、爱好的一群人。

在构图君的私域流量池中,内容传播就是图片、文章及直播等摄影知识的传递,用户运营就是通过在朋友圈发布用户需要的内容,增强用户黏性,从而构建起稳定增长的私域流量池。而商业场景则是通过电子书和直播等渠道实现变现。

当私域流量池与用户思维相融时,已经没有了"广告"的存在,而是让社群成员直接觉得产品的存在是为了解决自己的需求，社群里推送的消息是为了解决自己的问题，是便利生活的需要。

所以，在私域流量池＋用户思维的融合下，我们要回归到商业的本质，为解决以后的场景需求、触发社群成员的情感，寻找精选的、有创意的、能触发客户情感的产品。

私域流量是个人、企业、品牌、产品或者 IP 所拥有的免费流量，同时流量主拥有这些流量的自主控制权，而且能够反复利用。但是，私域流量的基础在于用户思维，基本核心是满足用户的体验需求，终极核心是让用户惊喜。

因此，我们也需要及时纠正思维，将流量获取方式升级到用户留存。只有做到这些，私域流量池才能越来越大，越来越稳定。

微信流量池经营的特点和优点

了解了私域流量和公域流量之后，本节介绍微信流量池经营的特点和优点。

1. 微信流量池经营的特点

微信流量池经营的特点主要有 4 个，即**具有人性化、具有信任感、可复制性和可扩展性**，下面将具体阐述。

（1）**具有人性化**。微信中的经营者与用户之间是一对一的交流，是有温度和感情的。先交朋友，产生交情之后再谈买卖。经营者在经营过程中可以采取某种统一的经营策略，也可以"因材施教"，为不同的微信好友提供不同的定制产品和服务。

（2）**具有信任感**。微信的经营者是可以通过人际交往使用户产生信任感的。首先，信任来自经营者的个人魅力，我们可以在朋友圈找到自己的定位，通过反复打磨内容，塑造个人形象，激发用户的点赞、评论行为，通过互动深化和强化信任关系。

更重要的是，当这种信任关系建立起来之后，用户会给我们推荐自己的朋友和家人，而这种信任推荐的用户商业价值往往会更高。

（3）**可复制性**。用微信打造私域流量池有一个很大的优势，即经营者不用担心每个微信会有好友人数上限的限制，我们可以根据用户的数量运营多个微信号。经营者可以在没有微信好友的情况下，以不同的区域、产品类型等作为参考，提前构架自己的微信号运营体系。

（4）**可扩展性**。经营者的个人魅力也是获得用户认可的一个方面，经营者可以根据自己的需要升级或扩展自己的经营范围；同时还可以带着自己的微信好友随时发展新的业务，以及调整经营者的昵称、头像、签名等，以此升级和改变形象。

2. 微信流量池经营的优点

微信流量池经营的优点主要有4个，即**节约广告费用、信息随时触达、经营模式多样化和长期持续有效**，下面将具体阐述。

（1）**节约广告费用**。微信朋友圈是一个免费的、天然的广告平台。聪明的经营者擅长在朋友圈中展示自己日常生活中的点点滴滴，同时又不着痕迹地展示自己的品牌广告，加深用户的印象。这时再与用户私聊，吸引用户参与自己的活动品牌。这种零成本，只需要花费时间和技巧的宣传方式，对于常年有大量广告预算的企业而言尤为重要。但值得一提的是，不要每天在朋友圈发刷屏广告，因为一旦引起了用户的反感，就会被用户拉黑、删除或屏蔽，这样就会得不偿失。

（2）**信息随时触达**。数据显示，微信朋友圈的打开率一直在持续增长，我们可以根据用户的使用习惯随时发圈传递信息，触达自己的用户；也可以通过每天定时组织活动吸引用户参与，集中时间给用户点赞、评论。但是，笔者建议大家不要滥用信息沟通的便利性而采取群发方式，这样会非常容易引起用户的反感。

（3）**经营模式多样化**。利用微信朋友圈打造的私域流量池，其用户精准度会很高，运营者可以选择一对一的零售形式，也可以利用朋友圈等功能做秒杀、抽奖及团购等活动。这样不仅能维护好社交关系，还能让用户变成回头客，并介绍新的精准用户。

（4）**长期持续有效**。当用户进入了朋友圈私域流量池，与我们形成了一对一的社交关系后，这样的关系就会一直存在，并且随着时间的推移会越来越牢固。因此，可以明显预见，微信会长期存在，完全不需要考虑"微信能活多久"的问题。

打造微信私域流量

腾讯公布的 2019 年第一季度业绩报告显示,微信及 WeChat 的合并月活跃账户数达 11.12 亿人,QQ 的智能终端月活跃账户数超过 7 亿人。毫无疑问,微信已经成为国内最大的社交媒体,也是我们运营私域流量的最佳平台。其中,我们在微信上添加的好友都可以称为微信私域流量。

同时,微信的商业体系也在被用户不断挖掘,这也为私域流量的价值带来了更多想象空间。通过微信这个社交媒体的"微信号+公众号+微信群+小程序"等渠道,我们可以打造私域流量矩阵,将自己的产品、服务或者品牌理念非常快捷地触达用户,实现引流和变现。

1. 公众号:适合沉淀粉丝

微信公众号是一种应用账号,是广大商家企业、开发者或者个人在微信公众平台上注册的一个用于与自己特定的用户群体沟通交流的账号。

微信公众号账户拥有者在与自己特定的用户群体交流时可以采用多种多样的方式,如文字、图片、音频、视频等。这种交流方式生动、全面,大大增加了商家企业、个人与用户对象之间的互动,从而可以得到更好的交流效果。因此,微信公众号成为各商家、个人打造私域流量的一个重要平台。

公众号非常适合沉淀各个公域流量平台上获得的粉丝,给商家、企业的营销提供了一个全新的销售渠道,拓宽了销售范围。同时,微信公众号为广大商家用户提供了信息管理、用户管理等功能,使得商家的用户管理变得更简单,同时也让商家与客户之间的交流性、互动性变得更强,极大程度地增加了用户的黏度。

例如,人们在一家服装店中购物,通常是买完衣服就直接付款离店,这些人对服装店老板来说就是公域流量。此时,服装店老板可以在门口贴一些海报,如关注公众号领优惠券福利等,将公域流量转化为私域流量,然后通过公众号的运作来获得更多盈利机会,如图 1-9 所示。

图 1-9　服装店的公众号运营示例

2. 个人号：信息的强触达

微信个人号在打造私域流量池方面主要有以下 3 个独特的优势。

（1）个人号的好友更加私密，而且添加时必须征得对方同意，因此有利于形成强信任关系。

（2）个人号可以通过朋友圈来传播信息，以及进行点赞和评论等互动，有利于产生正面的关系。

（3）好友是彼此独有的，其他竞争对手无法获得你的个人号好友信息，流量的安全性非常高。

我们可以通过个人号将信息强行发布给好友，好友只要没有将你拉黑或删除，都会接收到信息。因此，只要你的私域流量池足够大，就不再需要花钱去做广告了。

除了直接的聊天方式外，个人号还有一个非常重要的宣传入口，即朋友圈。发朋友圈有以下 3 种方式。

（1）发送纯文字。

（2）发送图文并茂的内容。

（3）发送视频内容。

建议大家平时发布朋友圈内容时最好采用图文结合的方式，图文结合的内容会比单纯的文字更加醒目、更加吸引人，蕴含的信息量也更大。

第1章 速知：朋友圈私域流量

图 1-10 所示为采用图文结合方式发布的产品营销信息，发图的数量也都比较讲究，如 4 张、6 张、9 张等都是标准的发图数量。

图 1-10　采用图文结合方式发布的产品营销信息

一般来说，微信朋友圈只有 6 行能直接展示文字，因此我们最好利用前 3 行来吸引好友的目光，将重点内容提炼出来，让好友一眼就能看到重点，这样才能激发他们继续看下去的欲望。

如果发布的内容太长，就会发生"折叠"的情况，只显示前几行文字，而好友必须点击"全文"才能看余下的内容。

微信作为一个社交平台，人们习惯碎片式阅读形式，不喜欢长篇累牍。因此，对通过朋友圈运营私域流量的人来说，不要让自己朋友圈的内容太过冗长，如果有很长的内容，建议提炼其中的重点即可，可以让人一目了然。

3. 微信群：社群的活跃度

要保持社群的活跃度，就需要多与群内的用户互动交流。因此，学会与用户进行交流是运营社群私域流量的首要步骤，继而打造信息体系，进行社交营销和用户服务，实现个体的信息交互。

用户的信息交互过程是根据目标用户群体和行业业务特征来制订的，一般而言可以分为 3 种阶段，如图 1-11 所示。

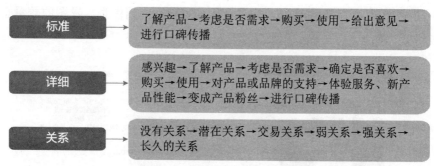

图1-11　用户的信息交互过程

对线下实体商家来说，其可以通过门店二维码引流方式让上门消费的用户加商家微信号，然后商家将这些用户都拉到一个群中。

商家在社群的日常运营中可以发布一些促销活动信息和新品信息等，以吸引用户再次下单。

当然，社群管理者还需要加强用户体验。对企业或商家来说，微信群的主要功能在于发布产品或服务的优惠信息，刺激社群中的用户消费，最终下单则需要通过小程序、微店或者其他电商渠道来完成，如图1-12所示。

图1-12　社群最终要通过电商渠道来实现成交

4. 微信个人私域流量四部曲

经营微信朋友圈的私域流量，经营者要记住4件事，即**个人定位、用户获取、互动激活及销售转化**，下面将具体阐述。

（1）**个人定位**。经营者在最开始就应该确定好自己的定位，即自己要以什么样的人设出现在用户的世界，自己的角色功能又是什么。值得注意的是，这里的角色要符合大众的审美，"有趣"和"有用"就是两个很重要的参考指标。我们一定要为自己塑造一个让用户信赖的好朋友形象。

（2）**用户获取**。首先，经营者一定要尊重微信朋友圈的使用规范，在获取用户时避免频繁、大量地添加好友，否则可能会导致封号。获取用户的正确做法应该是吸引用户，以被动添加为主。每个微信号每天可以被动添加500个左右。

（3）**互动激活**。互动即在微信中与用户交流，用发朋友圈、为好友点赞评论、私聊、创建微信群等方式激发用户的购买欲望。

（4）**销售转化**。销售转化即利用微信私域流量发挥微信的社交传播功能，让用户在购买产品之后主动夸产品好，夸运营者人好，打造良好的口碑，从而实现带客拉新及重复购买的良性循环，实现销售转化。

1.6 适合做私域流量的产品或服务

私域流量要想实现变现，需要产品来进行承接，因此这种流量模式非常适合品牌商家。例如，在线课程、食品水果、日用百货、数码家电、母婴玩具、服装鞋包、餐饮外卖、生活服务及文化旅游等这些行业都比较适合私域流量模式。那么，适合做私域流量的产品或服务有哪些特点呢？

1. 高频次、复购率高

前面介绍过，私域流量有一个显著特点，即"一次获取，反复利用"。因此，商家应选择一些消费频次和复购率都比较高的产品，吸引用户长期购买，提升老用户黏性。具体的产品类型主要有4类，如下所述。

（1）**女性消费者常用产品**，如女装、化妆品等。

（2）**厨房用品**，如垃圾袋、调味品、保鲜袋、洗洁剂等。

（3）**日常生活用品**，如卫生纸、牙刷、牙膏、毛巾、茶叶等。

（4）**食品**，如大米、蔬菜、肉类、水果等。

在私域流量模式下，商家的大部分利润都来自老用户，所以商家要不断提升产品竞争力、品牌竞争力、服务竞争力和营销竞争力，促进用户的二次购买，甚至实现长期合作。要做到这一点，关键在于货源的选择。商家必须记住一句话，即"产品的选择远远大于盲目的努力"，因此要尽可能选择一些能让粉丝产生依赖的货源。

2. 知识付费产品服务

知识付费产品服务，其实质在于通过售卖相关的知识产品或知识服务来让知识产生商业价值，变成"真金白银"。在互联网时代，我们可以非常方便地将自己掌握的知识转化为图文、音频、视频等产品/服务形式，通过互联网来传播并售卖给受众，从而实现盈利。随着移动互联网和移动支付技术的发展，知识变现这种商业模式也变得越来越普及，可以帮助知识生产者获得较好的收益和知名度。

随着人们消费水平的提高，消费观念和消费方式产生了质的改变，尤其是随着各种新媒体渠道的出现和自媒体的兴起，让人们形成了新的阅读习惯，并逐渐养成了付费阅读的良好习惯。

在私域流量浪潮下，很多有影响力的"大V"也通过公众号和社群等渠道售卖自己的知识付费产品，以快速实现变现，从粉丝身上获取收入。例如，公众号"凯叔讲故事"开设了各种付费内容，能通过知识达到变现目的。同时，"凯叔讲故事"拥有大量粉丝，承接广告也可以得到十分可观的广告费用。从"凯叔讲故事"的公众号简介中可以看到，其将自己的标签定位为"育儿"和"书籍"，如图1-13所示。

很多人都在抱怨公众号的红利期已过，自己没来得及抓住时，"凯叔讲故事"却通过公众号不断提升品牌势能。同时，"凯叔讲故事"拥有多元化的变现方式和付费渠道，不仅可以利用视频课程实现内容付费，还可以通过电商商城售卖各种书籍。

通过上面的案例可以发现，其实对粉丝来说，"凯叔讲故事"的课程不仅是一个能听故事的课程，而且是一个对育儿有帮助的课程。客户的购买，本质上是对"凯叔讲故事"个人品牌的信任与认可，而这个自品牌是建立在"凯叔讲故事"创始人优质的知识产品基础上的。

第1章 速知：朋友圈私域流量

图1-13 "凯叔讲故事"公众号和文章列表

3. 具备话题感的产品

如果一个产品登上了头条，那么它的火热程度自然不言而喻。为了吸引众多的用户流量引爆产品，制造话题占据头条不失为一个绝佳的方法。因此，具备话题感的产品非常适合做私域流量。

具备话题感的产品本身就具备强大的社交属性，极容易在社群中引发强烈反响。其中，抖音的话题玩法就是目前非常流行的营销方式。大型的线下品牌企业可以结合抖音的POI（Point of Interesting，兴趣点）与话题挑战赛来进行组合营销，通过提炼品牌特色，找到用户的兴趣点来发布相关的话题。这样可以吸引大量感兴趣的用户参与，同时让线下店铺得到大量曝光，而且精准流量带来的高转化也会为企业带来高收益。

例如，四川的稻城亚丁是一个非常美丽的景点，其因独特的地貌和原生态的自然风光吸引了大批游人前往观光。基于用户的这个兴趣点，有人在抖音上发起了"#稻城亚丁"的话题挑战，如图1-14所示。此时，线下商家可以邀请一些"网红"参与话题，并发布一些带POI地址的景区短视频，如图1-15所示。

对景区感兴趣的用户看到话题中的视频后，通常都会点击查看，此时进入POI详情页即可看到商家的详细信息。这种方法不仅能吸引粉丝前来景区打卡,而且还能有效提升周边商家的线下转化率。

在抖音平台上,只要有人观看你的短视频,就能产生触达。POI拉近了企业与用户的距离,在短时间内可以实现最大流量的品牌互动,方便了品牌进行营销推广和商业变现。另外,POI搭配话题功能和抖音天生的引流带货基因,也让线下店铺的传播效率和用户到店率得到提升。

图1-14 "#稻城亚丁"话题挑战

图1-15 带POI地址的景区短视频

POI最大的作用在于可以叠加线上流量池和线下客流,即POI不仅可以从线上向线下导流,而且可以让线下体验反哺线上内容,加速从曝光量到转化率的进程,把流量转化为店铺的销售业绩。

4. 线下实体流量转化

线下实体店可以推出一款不以盈利为目的的引流产品,先把用户吸引过来,然后商家可以通过添加用户的微信来实现流量转化,或者引导他们消费其他产品,以实现直接盈利。例如,在很多餐厅门口的海报上经常可以看到一款特价菜,其采用的就是这种推广方式。

例如,随着社群时代的来临,海底捞看中了线上市场,于是通过微信社群来转化私域流量,吸引用户到店消费。在做微信社群营销之后,海底捞更是把极致服务从线下提升到了公众号线上平台,如图1-16所示。用户可以通过微信公众号实现预订座位、送餐上门甚至可以去商城选购底料。例如,如果用户想要海底捞外卖,只需要简单输入送货信息,就可以坐等美食送到嘴边。

图1-16 "海底捞火锅"公众号

第 2 章

定位：打造独具特色的高价值朋友圈

学前提示

微信的经营者要想通过朋友圈开创事业并长期、健康地经营下去，首先要做好定位，准确的定位能让创业者坚定自我。

本章主要从定位、朋友圈的运营和技巧等方面具体分析如何打造一个独具特色的高价值朋友圈。

要点展示

- 个人定位，通过极简信息占领用户心智
- 让自己的定位变得更加精准
- 定位不是找出来的，是靠双手做出来的
- 微信定位的具体落实
- 打造有好感的微信头像
- 通过3种昵称命名方式建立有辨识度的个人品牌
- 像"大V"一样打造有定位感的个性签名
- 朋友圈运营的七大误区，警醒你别再踩坑
- 不了解用户就等于盲人摸象

2.1 个人定位，通过极简信息占领用户心智

本节主要介绍微信的精准定位。笔者培训了几万人之后发现，大部分人微信上找不到定位只是表层现象，根本问题是很多人连自己的人生定位都没有找到。反之，一旦一个人对自己的定位是清晰的，那么只要学到一些定位包装技巧，就可以迅速发生巨大的改变。

所以在本节中，笔者不仅会介绍如何在微信上找定位的方法，还会介绍怎么找到个人定位的方法。另外，微信中个人定位的方法复制到其他领域同样适用。

关于定位，人们总是能够记住第一名，如跨栏冠军刘翔、第一个登上月球的阿姆斯特朗。人们总是能够记住简单的，而记不住复杂的；同时也总是能记住那些重复出现的，而记不住那些变幻莫测的。

由此可以得出定位的本质，即**通过极简的信息来占领用户的心智，它的目的只有一个：让用户找到我们，并且第一时间与我们合作并付款**。例如，新媒体运营圈有这样几个高手：要学PPT就找秋叶大叔，做新媒体找杨坤龙老师，想学写文案找关键明老师，想学摄影构图就找构图君，想学用微信卖货赚钱就可以找端银。

大家想想看，当你能够迅速通过你的名字与一个细分领域挂钩，并且成为该细分领域的代表时，别人一想起这个细分领域就能够第一个想到你，就说明你的定位非常成功。

但实际上，笔者在遇到过的几万名学员当中，大部分人没有很清晰的个人定位，既谈不上精准，也做不到聚焦和持续。因此，我们首先要解决的是有没有定位的问题。那么，我们要怎样才能找到个人定位呢？可以通过以下5点。

（1）**你是谁**？即谈谈你对自己的认识。

（2）**你懂什么**？即你懂得哪些技能，哪些又是可以拿得出手的。如果没有，那就花1～2年的时间先好好磨炼。

（3）**能做什么**？即你可以解决谁的问题，帮助用户解决哪些困扰。

（4）你有什么？即你有什么人脉资源，可以与他们进行哪些合作。

（5）你凭什么？即你与竞争对手的差异化，你的与众不同之处在哪里。

让自己的定位变得更加精准

了解个人定位的本质之后，我们再来看看，对大多数普通人来说，如何能让自己的定位变得更精准。我们可以通过4个元素来找到自己的小范围定位，即**行业、地区、品类和岗位**。

以笔者为例，行业即知识付费行业，地区是广州，品类即做课程，岗位是知识付费经纪人。通过这四大元素进行多维度的重装组合后，我们可以得出以下结论。

（1）以**行业＋品类**的组合：如"90后"金融新媒体资深人士。

（2）以**地区＋品类**的组合：如香港第一自媒体人。

（3）以**品类＋岗位**的组合：如做房地产的朋友，可以定位为某知名房地产经纪人。

（4）以**行业＋品类＋岗位**的组合：如新媒体运营圈，可以定位为某新媒体课程总监。

如果你现在也身在职场，那么这几个元素的组合一定可以帮你找到答案。当然，有些朋友如果在职场上无法找到突破口也没有关系，你还可以从以下4个角度出发。

（1）**兴趣**。笔者始终相信，只有从事自己真正感兴趣的领域，将来才能做得更好，做出成绩。这一点适合本身就没有技能的人。

（2）**技能**。技能是每一个人赖以生存必备的基础，大部分人的定位要基于专业技能基础之上。这一点适合已经有一定技能基础的人。

（3）**资源**。找个人定位有时也会考虑自己身边的资源，因为资源能给予我们支持，可使我们事半功倍。

（4）**时间**。你愿意在哪个领域投入的时间更多，也会影响到个人定位。

以上4个角度，可以任选其一来确定自己的定位。但是每一个角度都可能会有很多选项，如技能，有些人可能会熟悉很多技能，那到底选择哪个技能呢？因此，笔者建议大家，把每一个角度中所有的选项都写出来，然后对应每一个选项再从4个维度进行评分，最后选择评分最高的一个小细分领域。

当然，事实上，有些事情也有意外，如有一些人天生就对某一件事情感兴趣，那么他就会花时间去学习技能，技能学到一定程度后，也自然会累积到人脉和资源；还有一种可能性就是无意中进入了某个圈子和领域，受到圈子的影响和启发后开始模仿和钻研，最后变成这个领域的高手。

以笔者为例，2015年，笔者还在上大学时就误打误撞进入了新媒体圈，然后开始对做新媒体感兴趣，接着一路学习写新媒体文章，做公众号，关于最新的微信玩法探索都会发表在公众号中，如图2-1所示。

图2-1 "端银"公众号

后来笔者开始学习做课程，慢慢变成讲师，再变成课程经纪人，帮助其他老师做课程。

所以，笔者个人就有这种深深的体会，没有人一开始就知道自己的定位，他们都是通过不断地尝试和不断地学习、探索，慢慢提升认知，才逐渐弄清楚的。

如果你现在处于很迷茫、实在找不到出路、不知道做什么的状态，就先把自己手头上的工作做好、做精。

2.3 定位不是找出来的，是靠双手做出来的

当确定好适合自己的定位之后，还需要继续用双手将定位完善，具体有以下3点。

1. 去占位

占领一条赛道，自封一个标签。当你一开始什么都不是的时候，你没有标签，只能占位自封，如"'90后'金融新媒体资深人士"。

2. 去卡位

一定要努力做出成绩来固定你的标签，提高被超越的门槛。笔者从自封标签到变成"'90后'朋友圈运营第一人"用了两年时间，期间努力地去做培训，一年之内开了3个课程专栏、3期特训营，成为全网30多个平台的签约讲师，最终卡住了一个小细分领域的定位。因此，这一点至关重要。

3. 去上位

上位，即争取变成行业中有影响力和有地位的头部大咖。要想达到这样的层次，就需要经过长时间的积累，做出惊人的成绩，你走过的每一步都要有意义。

不管你给自己选择的是什么定位，以下5条建议一定要去实践。

（1）**要敢于占位**。前文已经强调过，如果你总是犹豫不前，那么永远也无法获得出头的机会。

（2）**要敢于试错，敢于尝试更多的领域和玩法**。如果一直故步自封，停留在自己的舒适圈，久而久之就会变成一个"废人"，根本无法找到合适的定位。

（3）**要找到"大腿"**，即找到可以帮助你的贵人和老师。付费学习就是最好的方式，当你通过付费学到更多"干货"之后，你会再也看不上免费的内容。

（4）**坚持**。如果你在一个领域没有做出成绩之前就急匆匆地切换自己的领域，那么你到其他领域也一样会一事无成。心定不下来，事业也绝对做不好。

（5）**保持聚焦**，让所有的心力、精力都集中聚焦在一个领域上。

想要做到以上5点其实一点都不简单，不花几年的工夫去积累，基本没

有什么可能性能够做到。无论是找定位还是想改变命运,全部需要我们用双手做出来。

2.4 微信定位的具体落实

当找到了个人定位后,接下来就可以进行微信定位,只要你把下面的技巧全部实操完毕,你一定可以获得成功的微信定位。微信定位的具体落实包括 5 个要素,即**昵称、头像、标签、封面和内容**。

1. 昵称

首先做一个测试:检查你的个人微信,翻翻通讯录,再问问自己如果要删除通讯录好友,你会先删除哪些?

是不是会优先删除那些看起来销售意图明显和不知出处的人?例如,喜欢以 A 开头命名、纯字符号、纯英文命名、带有电话号码、带有表情包的人。

如果你不想成为这样的人,那么你的微信昵称就要起得很得体,至少要给人真实真诚的感觉。微信昵称就是你的个人品牌名,最好能够具备**好读、好记、好传播且不重名**的特点。那么应该怎么取名呢?下面举几个例子供大家参考。

(1)**以叠词命名的**,如王六六、郭亮亮。

(2)**以熟词命名的**,即将自己的名字和一个大家熟悉的词结合在一起来命名,如关键明老师用"关键先生"来命名。再如,荔枝微课的第一人气讲师"桂妃娘娘",用的是古代妃子的名称来命名,好记且好传播。

(3)**以定位命名**,如品牌营销王曦,就是以品牌营销作为个人定位,然后加上自己的真名。

(4)**除此之外,还可以"大平台+昵称"命名**,如荔枝微课王宁。

如果实在想不出好名字,就用真名,真名真实可信。那么问题来了,你的品牌名怎么被人记住呢?以笔者自己为例,笔者的真名中带了一个"端"字,所以笔者给自己起了一个名字为"端银"。但是,很多人第一次听到这个名字记不住,于是笔者又想了一个办法,给自己的名字赋予价值愿景:端银,端着银子给你,做一个对别人有价值的人。

接着，笔者又请设计师帮忙做了一个VI形象图——一个端着银子的人。然后，笔者用同样的色系做海报的UI设计和推广。例如，笔者的课件和UI设计都是绿色的，就是为了保持色系的统一，让更多的人记住笔者，最后不断地重复、重复，再重复。让人能够持续记住你的办法就是让自己做出成绩，然后学会营销传播技巧，不断提升你的影响力。

2. 头像

大部分人不注重微信头像，这是非常不对的。用户在加你微信那一刻都会先去看你的头像，如果头像给人的感觉不好，第一印象分就会大打折扣。

例如，使用风景照、大头照、明星照、宠物照等作为头像都是不推荐的，因为它们会拉低形象分。如果想用微信持续卖货，笔者推荐大家用**真人形象照**。形象照最好是经过精心设计的，尽量用正面形象照，露出正脸，更优秀的则是使用能够显示定位和给人温度的头像。

如果你是厨师，就可以穿上厨师的服装和道具拍摄形象照；如果你是医生，就可以穿上白大褂拍摄形象照；如果你是礼仪小姐，就可以穿旗袍拍摄形象照。总之，你的头像最好和你的定位有一些关联度。

3. 标签

常见的打磨微信标签的步骤有3步：①抽取**定位关键词**，如笔者会抽取朋友圈运营这个细分领域；②找到可以**修饰定位的词语**，该词语作为细分领域的信任状，代表你在这个领域中取得的成绩与专业度，如笔者写的是"百万级"；③不断地修改和优化。

对于微信标签，大家应该特别注意：标签是可以升级的，也许你现在没有太好的标签，但是通过不断的努力，做出新的成绩之后，就可以把自己的标签进行优化和迭代。

4. 封面

要打造好并利用好朋友圈封面这个广告牌，因为它可以体现你的专业度和可信度。

5. 内容

最后体现定位的地方就是我们日常的朋友圈内容发布。怎么在朋友圈的内容中体现自己的定位呢？这里有"四看"：**一看内容受众，二看用户需求，三看内容调性，四看内容比例。**

在这里特别强调朋友圈内容发布的比例，建议发 60% 以上与定位相关的内容。如果你的定位是饮食专家，那就多发饮食的专业知识、技巧、干货和案例。依此类推，结合自己所在的行业和个人定位来布局内容。更多具体的朋友圈发布方法，本书后面会为大家一一介绍，让你真正学会发朋友圈。

最后总结一下，一个成功的微信定位的底层逻辑基于成功的个人定位，再加上适当的微信包装技巧。

这样，**成功的定位＝自带传播昵称＋优质头像＋响亮标签＋业务范围。**

2.5 打造有好感的微信头像

现在人们都注重视觉营销和位置的重要性，微信朋友圈作为打造私域流量的第一阵地，头像就是"第一门面"。

可以说，小小的头像图片是微信最引人注目的第一广告位，很有可能你的微信头像就在"出卖你"！一般情况下，有以下几种情况可能会使头像"出卖你"，如图 2-2 所示。

图 2-2 "出卖你"的微信头像类型

再看图 2-3 所示 3 组图片，如果他们同是你的微信好友，你会对哪一组更有好感呢？

图 2-3 微信头像示例

很明显,最后一组看起来更像专业讲师,能让人在第一时间就产生好感。用户通过头像来判断你的形象的时间只有一秒,所以**一定要在一秒之内让人通过你的头像对你建立起好感**。那么,一个 60 分的头像到底是什么样的呢?其应具备**单人照、露正脸、图片高清** 3 个特点,如图 2-4 所示。

图 2-4 60 分的微信头像示例

一个 80 分的微信头像又是什么样的呢?如图 2-5 所示,还需显示出你的**定位**。

图 2-5 80 分的微信头像示例

接下来，我们再来看 80 分以上的微信头像，如图 2-6 所示。除了单人照、露正脸、图片高清、显定位之外，还需要**有温度**，即体现出你的温暖和情怀。

图 2-6　80 分以上的微信头像示例

笔者的微信里有几千个朋友，笔者对他们的头像进行了分析总结，普通人的头像以两种图片居多：一是自己的人像照片，二是风景照片。但是侧重营销的人，即使用人物，也要比一般人用得好，其中有 3 类照片用得较多：一是显得自己非常专业的照片，二是与明星的合影，三是自己在重要、公众场合的照片。

不同的头像传递给人不同的信息。对注重营销的朋友来说，建议根据自己的定位来进行设置。这可以从以下几个方面着手，如图 2-7 所示。

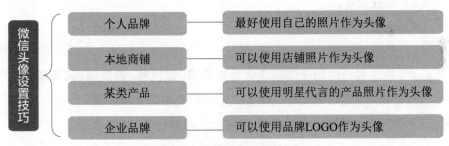

图 2-7　微信头像设置技巧

如果你是一个侧重营销的人，而目前又没有一个高分头像，那么可以参考以下 3 个方案。

方案一：专业拍摄。专业拍摄有如下 4 个优势。

（1）**展现个人特点**。可以通过头像营造你希望给别人展现的形象，如活泼、优雅、有趣等，只要提前和摄影师沟通，拍摄时摆出对应的姿势即可。

（2）**凸显个人定位**，即能让人通过看你的头像知道你是做什么产品的。

（3）**精心形象打造**，即将形象打造得既得体又美观，也可以在一定程度上增加好感度。

（4）**专业摄影打磨**。经过专业摄影师的拍摄和后期修图，能让照片看起来更加美观，更易让人产生好感。

关于专业拍摄，笔者还有几点建议分享给大家：提前预约专业摄影师，提前沟通好形象摆设，确认最后的拍摄成品。

方案二：卡通形象。有些朋友可能会觉得自己的形象不好看，那么也可以选择卡通形象。卡通形象有以下3个优势。

（1）契合真实形象。

（2）展现萌味气质。

（3）凸显个人定位。

关于卡通形象的设计，同样有几点建议分享给大家：提前沟通专业设计师，准备好个人形象物料，确认最后的设计成品。

方案三：LOGO 头像。方案一和方案二主要针对的是个人头像的打造，如果是企业，通常会使用企业 LOGO 作为头像。利用 LOGO 头像有以下4个优势。

（1）简约易懂。

（2）专业设计。

（3）定位明确。

（4）品牌效应。

总之，打造有好感的微信秘诀就是**专业感、定位感、温度感、品牌感**。另外，值得一提的是，当确定好用什么头像之后，不要频繁更换头像。打造好感头像，不做路人甲，是一个优秀的营销者首先应该做到的事。

2.6 通过3种昵称命名方式建立有辨识度的个人品牌

头像给人第一视觉形象，而昵称则给人第一文字形象。从营销的角度来看，好的名称自带品牌和营销功能，特别是在网络虚拟环境中，昵称是方便他人辨别的重要标志，因此一定要取好。

一个好的品牌甚至能节省好几万元的广告费，下面举几个例子。

例如国际品牌香奈儿，大家看到品牌名首先就能联想到香水。虽然香奈儿卖的不仅仅是香水，但是大家能够通过品牌名联想到其产品，这就是一种成功，因为它已经几乎成为一个产品的代名词。

再如SUBWAY，直译是"地铁"，但它是一个主打销售三明治的品牌，所以它翻译成中文品牌名为"赛百味"。如果将其直译为"地铁"，谁敢买它的产品，去吃"地铁"呢？

以上例子能给我们为微信取名带来3点启示，即**好读好记、定位明确、赋予价值**。这不难理解，一个好读好记的名字能在第一时间内就给人留下印象，而明确的定位能加深人们对品牌的理解。

微信名称就如同品牌名，因为我们一旦变成营销者，就要用这个名称获利，而这个名称也会随着我们的成长和成就不断溢价。

取名时应该规避的6种类型如下所述。

（1）**表情名称**，即直接用表情来取名，没有实质意义的名称。

（2）**符号名称**，即直接用符号取名。

（3）**英文名称**，即直接用英文字母取名。

（4）**电话名称**，即直接用电话号码取名。

（5）**不说人话**，即大家都看不懂的名称。

（6）**用A开头**。很多微商为了让自己在微信好友中占前排的位置，往往会在名称前面加上A，但这种做法反而会引起用户的反感。

除此之外，还有一些其他不合格的微信名称，这里不再一一列举。很多人在取名之前往往忘记自己取名的目的，导致取名时十分随意，所以这里强调一下微信取名的3个目的，具体如下。

（1）**方便对方称呼**，即通过你的名称，能让别人和你聊天时知道你是谁。

（2）**方便对方备注**，即让别人看到你的微信名之后不需要再问你的名字。

（3）**方便对方记忆**，即当别人下次想到某件事时能够直接想到你并且是只记住你。

如果你不想做路人甲，那么可以选择用**用户的思维**取一个好的微信名称，站在用户的角度为自己取名。如前文所说，一个合格的名称应该具备好读好记的特点，如"刘二狗"，虽然不好听，也没有什么含义，但是对于网络名称而言，它是合格的，因为它具备了好读好记的特点。那么，怎样取名才能好读好记呢？这里给大家分享 3 条建议。

（1）不要太长，一般不超过 6 个字。

（2）不要使用任何非名称附加内容。

（3）给你的昵称赋予一定的寓意或价值。

下面为大家提供 3 个方案，以帮助大家取一个好的微信名称，为朋友圈私域流量打下好的基础。

方案一：起一个好读好记的江湖名称。 取的名称最好可以放大个人品牌效应，同时又能体现个人定位。那么，我们应该怎样将昵称和定位更好地关联在一起呢？弄清楚以下 4 个问题就可以了。

（1）让别人知道你是谁。

（2）让别人知道你是做什么的。

（3）让别人知道你做出了怎样的成绩。

（4）让别人在需要你的时候快速找到你。

如果以上内容大家觉得难以理解，那么笔者举个例子："第一职场李文"，该微信名称由两部分组成："第一职场"+"李文"。大家一看他的名字就可以知道他的行业，以后在职场上遇到问题时就能想到他；同时，使用真名"李文"不仅让别人一看就知道他是谁，还增加了信任和好感。

方案二：凸显个人定位的名称。 一般情况下，有两种昵称命名方式。

（1）行业 + 昵称，如"第一职场李文"。

（2）行业 + 职位 + 昵称，如"快销总监张力"。

方案三：直接用自己的真名。 例如笔者认识的一些大咖：新媒体运营资深人士杨坤龙、爆款文案作者关键明等都用自己的真名来命名微信昵称。为昵称命名的重点在于你有没有做出突出的成绩，有没有强化个人标签，有没有给自己的品牌名做增值溢价的事情。

无论选择哪种方案来命名，都要牢记两点：**不要频繁更改个人名称、与各大平台名称保持高度一致。**

2.7 像"大V"一样打造有定位感的个性签名

个性签名是我们向好友展现自己品牌和产品最直接的方式,所以为了给用户留下一个好印象,我们应该重点思考如何写好个性签名。取什么样的个性签名取决于我们的目的,是想在对方或用户心里留下一个什么印象,或达到一个什么样的营销目的,然后提炼内容,展示产品、特征或成就。

个性签名就像户外广告牌上的文案一样重要,应该被好好利用起来。但是,很多人并没有这样的意识,如不写个性签名、个性签名过于随意、太个人化、他人看到后无法产生共鸣、对个人品牌定位不聚焦等。

其实一个好的个性签名就是一句卖点文案,直接决定了用户会不会买你的产品。为什么这么说?试想,当用户点开你的朋友圈时,看到的第一句话就是你的个性签名,只有你的个性签名具有吸引力,他才会去翻你的朋友圈,同时在心里给你一个大致的定位,并决定要不要继续了解你。因此,个性签名很重要,我们应该了解个性签名的特点。

一个好的个性签名应该具备以下4个特点。

(1)**内容足够简洁**。微信朋友圈的个性签名字数限制在30个字,但笔者建议文字越简洁越好,最好控制在15个字之内,达到一目了然的效果。

(2)**定位足够清晰**。在个性签名中体现出你是做什么的,给自己找到一个核心的定位。

(3)**彰显个人特色**。个性签名必须是独一无二的,不能抄袭,在个性签名中要把自己的想法和特色表达出来。

(4)**强烈价值共鸣**。在个性签名中只有呈现出个人的高价值,别人才会愿意与你接触、交往。

例如,"一个帮助你恢复视力的良师益友""一个最懂美学的创意思维导图达人""94年第一人气朋友圈营销达人"。以上3个个性签名案例都包含了以下信息内容:你是谁?你是做什么的?你做出了怎样的成绩?

综上所述,笔者总结了三步法,可以帮助大家一句话写好个性签名。

（1）找到个人定位。

（2）找到修饰个人定位的词语。

（3）不断地打磨、修改、再修改。

以笔者之前为朋友设计的个性签名为例，如图2-8所示，简单的一句话就能让大家了解他的定位，即"新媒体运营者"；利用定语"一个""94年"及补语"为大学生成长操碎心的"，体现了他的目标用户是大学生。

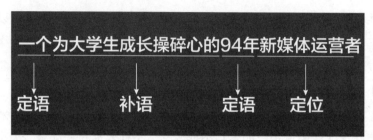

图2-8　个性签名示例

通过这个例子，相信大家已经学会如何一句话写好个性签名了。但一个好的个性签名不仅仅会写就可以了，还需要好的策略协调才能发挥出它的作用。

策略一：强化个人品牌标签。例如，新媒体达人，在行运营类第一行家；百万爆款朋友圈运营课主讲人；可视化思考的知识圈十八线男艺人。

策略二：传递价值观。例如，18年，制造快乐；不喧哗，努力成为互联网商业思想的发动机。

策略三：自嘲自黑。例如，一个打着灯笼也找不见的黑男子。

最后是个性签名的补充作用：作为公告提示，给人做信息引导，适合微信加满好友的情况下使用。例如："本号加满人，商务合作请联系×××。"

最后，关于打造个性签名，再给大家分享3条建议。

（1）要实事求是，不过度夸大。

（2）个性签名力求具体，忌"假大空"。

（3）持续更新并强化个性签名。

总之，一个好的个性签名就是一句卖点文案，它能让人更加愿意了解你并与你接触，给你机会，这对构建朋友圈私域流量是非常有帮助的。所以，作为营销者，一定不要浪费这个展现自己的机会，根据本节提供的方式和方法，好好打磨并不断地优化个性签名。

朋友圈运营的七大误区，警醒你别再踩坑

关于朋友圈，看似大家都很熟悉，但实际上，的确有很多人不会玩，或者说不会正确地玩。本节主要总结了7个朋友圈运营误区，希望大家在构建朋友圈流量池时能够规避这些误区。

1. 不重视朋友圈价值

尽管大多数人都知道朋友圈有着巨大的价值，但还是会犯错，忽略朋友圈的价值。其实其最主要的原因是我们的行动没有跟上我们的认知和理解，仅仅"知道"却没有行动并没有用。而且，你的不以为然，可能正在使你的影响力慢慢丧失。那么，通常哪些表现是在忽略朋友圈价值呢？这里主要归纳了2点，如下所述。

（1）**直接关闭朋友圈功能**。除非你的微信好友真的非常少，并且几乎都是熟人，你认为自己不需要利用朋友圈建立自身的影响力或者赚钱，那么可以直接关闭朋友圈功能。否则，笔者建议你开通朋友圈功能，并好好经营。

（2）**仅展示最近三天的朋友圈**。朋友圈如果设置三天可见，那么一旦连续三天不发朋友圈，就相当于没有开通朋友圈功能。朋友圈设置三天可见其实是一种贬低朋友圈的行为，你认为是在保护自己的隐私，或者是在营造神秘感，但实际上是故意给别人设置了一条了解你的屏障。对一个经营者来说，这种做法就是把微信好友堵在了外面，同时也把自己的"财路"堵死了。

除此之外，在互联网上设置三天可见会给人一种不好的感觉。所以，网上有这样一句话吐槽那些设置三天可见的人："你不用设置三天可见，我一天都不想见。"

综上所述，笔者给大家3条建议，将朋友圈的价值重视起来，让你的微信好友了解有能力、优秀、人品好又有魅力的你。

（1）开通朋友圈功能。

（2）至少设置半年可见。

（3）每天至少发一条朋友圈。

2. 不重视朋友圈形象

现在是一个看一张面孔即全部内容的时代，而你的朋友圈就是你在互联网社交圈中的"脸面"。试想，我们每天出门上班之前都要洗漱、化妆，好好打扮一番，那么为什么不用心来打造朋友圈的形象呢？

相信在大家的微信好友中常常能看到一些乱象的朋友圈形象，这些内容会让人看一眼就觉得不舒服。笔者将这些乱象总结归纳为了4种类型。

（1）过于随意的微信昵称。

（2）不合时宜的头像。

（3）脏、乱、差的相册封面。

（4）不美观的视觉呈现。

总而言之，朋友圈是一个社交圈，朋友圈内容的呈现在某种意义上代表着你的形象和审美。作为微信的经营者，我们必须要重视朋友圈，多去呈现具有美感的内容，让朋友圈私域流量尽量变得好看、有用、有趣，提升好感度。

3. 没有明确个人定位

有一句话是"宁做鸡头，不做凤尾"，我们在经营朋友圈时一定要对自己有明确的定位，即弄清楚5个问题。

（1）我是谁？

（2）我懂什么？

（3）我能做什么？

（4）我会什么？

（5）我凭什么？

弄清楚这5个问题并不难，笔者在前文中已经和大家分享过普通人让自己的定位变得更加精准的方法。除此之外，打造个人定位还有一个诀窍：**做出让人认可的成绩**。除此之外，还有3个打造个人定位的注意事项要提醒大家。

（1）争做第一，力做不同。

（2）只做细分领域的专家。

（3）持续强化个人定位。

4. 没有做好内容规划

俗话说"凡事预则立，不预则废"，有些人一天会发25条朋友圈，疯狂转发链接，疯狂刷屏，如图2-9所示。

图2-9 朋友圈刷屏

如果你认为在朋友圈刷屏就能卖货赚钱，就大错特错了。在朋友圈刷屏不仅会引起用户的反感，还可能导致被屏蔽、删除、拉黑等。更何况，一个优秀的人是没有时间一天之内在朋友圈发25条朋友圈的。所以，运营朋友圈要懂得节制，懂得做内容规划。正确的朋友圈内容规划有以下3点。

（1）有战略目标：一条朋友圈只实现一个目标。

（2）有推送频率：每天至少发1条朋友圈，但最好不超过5条，笔者建议发2~3条。

（3）有内容搭配：生活趣闻、专业领域价值分享、不定期福利推送等。

5. 没有做好朋友圈运营

笔者常和运营社群的小伙伴说："我们要打开门做生意，笑迎八方来客，你们的身份就像古代的大管家，你们要做到就是好好打理我们的店面，好好招呼客人。"而在朋友圈私域流量池中，**朋友圈就是你的门面**，因此我们首先要做的事情就是把门面打造得漂漂亮亮。如果你运营朋友圈时踩了以下"雷区"，就要好好重新开始着重运营朋友圈。

（1）从不回复评论留言。有的人发完朋友圈就没有下文了，有好友评论也不做任何回复，这样的结果往往就是下次不会再有人给你评论留言了。

（2）**滥用统一回复**。笔者经常看到滥用统一回复的人，并且是连续回复无关的内容。

（3）**随意提醒好友**。

敞开门做生意，我们要做的就是待人接客，吸引用户。下面总结了4个运营朋友圈的技巧。

（1）不随意提醒某人看。

（2）利用碎片化时间一次性回复你的用户留言评论。

（3）慎用统一回复，而非集体通知。

（4）利用碎片化时间刷好友朋友圈，做好用户准备。

6. 没有持续自我营销

朱熹曾说"立志不坚，终不济事"，意思是如果自己的志向不够坚定，则最终无法成就大事。这句话用于朋友圈营销也同样适用，**有效的朋友圈销售靠的是持续强化**。如果你认为朋友圈营销发一次就可以成功，那就大错特错了。

经常有人问笔者："为什么我在朋友圈卖货没有人买啊？"有人买说明你运气好，第一次卖东西就能赚钱；如果没人买说明可能有两种情况：一是你的用户对你推广的内容不感兴趣，二是你的文案没有打动用户。

第一种情况只能说明用户的需求和你推广的产品没有匹配到位；而第二种情况是因为你没有得到用户的信任，这就需要你持续打磨和修改文案写作技巧，并不断优化自己的形象和影响力。

关于自我营销，这里推荐3种持续营销的方法。

（1）**持续输出有价值的信息**。确保你在朋友圈占据一定的专业地位，让人觉得你是有"料"的，你是一个很专业的人。但要做到这些的前提是你具有知识输出的能力，不仅要会写，还要会说。

（2）**持续展示你的价值和成就**。例如，笔者经常在朋友圈发一些做过的成就感事件，如展示全网有20多万学员订阅。

（3）**持续展示你的温度**。例如，笔者朋友圈有一个宝妈，她很擅长做自我营销，经常在朋友圈晒一些和宝宝互动、玩耍的内容。她给自己营造的形象就是一个勤奋、努力、有爱的宝妈。

总的来说，朋友圈营销就是**有料＋有用＋有情怀**。

7. 没有提升用户体验

用户体验就是一切,这句话并不是夸张。朋友圈的用户体验是非常重要的,人都是视觉动物,没有人会喜欢脏乱差的朋友圈。这里总结了朋友圈运营的5个技巧,如下所述。

(1)**呈现克制**,少用表情包,表情只能达到辅助表达的作用,不宜喧宾夺主。

(2)**分享创意**,一个具有创意的朋友圈会吸引用户的关注。

(3)**分享美感**,使用优美的配图,摒弃画质模糊、品质不高的图片。

(4)**一视同仁**。

(5)**主动让利**。

总而言之,做一个情商高的营销者,懂得付出,自然会有人越来越喜欢你。

2.9 不了解用户就等于盲人摸象

当选择好了自己要经营的朋友圈的方法之后,还要确定所经营产品的使用人群。只有锁定使用人群,有针对性地销售才能将产品卖出去。哪些是产品的使用人群呢?其实就是指会用到这类产品的人。

笔者遇到过很多学员,他们的微信有好几千人,但就是卖不出东西;而有的学员微信只有几百人,但也能够卖出一些。这背后到底是什么问题呢?有诸多因素,如需求差异、销售技巧、影响力差异等,但最根本的原因可能还是**用户不精准**,即推广的产品和用户需求不匹配,他们根本就不需要这些产品。这种情况下,你怎么能卖得出去东西呢?

综上所述,卖不出东西最根本的问题其实是没有弄清楚精准用户。因此,我们首先要通过用户画像了解精准用户的特点,并有针对性地进行营销,如图 2-10 所示。

图 2-10 用户画像的 7 个特点

如果你是一个从事护肤品经营的微商，如图2-11所示。那么，你首先应该把主要目标群体锁定在女性上，因为护肤的男性相对于女性而言数量较少。然后，根据是否对产品有需求筛选出目标群体。因为销售的是护肤品，所以应根据护肤品的种类和功能锁定对应有需求的用户，如向长痘的用户推荐祛痘产品，向皮肤干燥的用户推荐补水产品等。

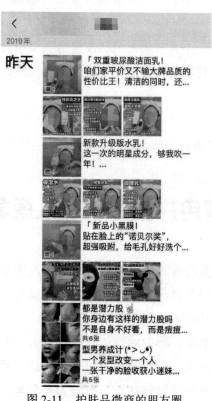

图2-11　护肤品微商的朋友圈

第 3 章

引流：提高朋友圈黏性和转化

> **学前提示**
>
> 想要获得微信朋友圈人气，拥有更多的好友和粉丝，提高朋友圈的黏性和转化，就要增加自己的曝光率，将焦点引导到自己的产品上。
>
> 用好平台扩充朋友圈的功能，有助于吸引更多粉丝关注，让自己的好友越来越多。本章主要介绍微信朋友圈吸粉引流的各种实用方法与技巧。

> **要点展示**
>
> - 将公域流量导入微信私域流量池
> - 发动已有粉丝力量进行自传播
> - 精准涨粉的 3 个层次
> - 抖音导流微信，最大化挖掘粉丝价值
> - 8 种平台互推导流至微信的方法
> - 为何加你好友：让用户看到你的价值
> - 让人加你：福利、联络人、合作、文案

3.1 将公域流量导入微信私域流量池

在公域流量平台上，用户就是流量，他们只是从你的身边流过，你就需要付费去购买，而且费用越来越高；在私域流量池中，用户是你自己的，你不仅可以直接触达用户，还可以免费地反复利用。因此，我们应将公域流量导入私域流量池，通过微信来搭建自己的私域流量池。

同样，做电商必须要有用户，否则你的产品将会无人问津，事业无法发展。因此，电商必须要有流量场景，才能将自己的产品卖出去。商家可以通过短视频、直播及自媒体等方式来圈粉，然后将这些粉丝导入自己的微信、社群，将公域流量导入自己的私域流量池，并且积极与粉丝互动，强化彼此的关系，将私域流量池中的粉丝变成忠实用户。

1. 通过多种方法将用户导入个人微信

公域流量平台的最大特征就是流量是开放式的，用户的言论和行为都是不可控的，运营者很难获得相关的用户数据。另外，微信公众号和APP等平台的发展已经非常成熟，流量获取的成本也偏高。

基于以上两点，我们需要不断挖掘新的低成本市场。这方面，今日头条和抖音属于新的开放市场，而QQ、微信群和微信个人号则属于封闭市场，这些渠道的流量成本目前都比较低。其中，个人微信号是较好的封闭市场，其具有以下4个特点。

（1）运营者可以通过个人微信号集中管理用户。

（2）微信可以即时沟通和互动，与用户保持紧密的关系。

（3）微信是私人关系，用户的忠诚度比其他平台更高。

（4）通过频繁沟通交互，沉淀的数据更精准、高效。

商家可以通过多种方法将用户导入自己的个人微信号中，而且成本非常低，甚至是免费的。

如果你知道对方的个人信息，如手机号、QQ号或者微信号等，则可以直接在微信的"添加朋友"搜索框中输入这些账号，然后点击"添加到通讯录"

按钮，即可申请添加对方为好友，如图 3-1 所示。

图 3-1　通过手机号添加好友

另外，微信上有一个便捷的工具，即"雷达加朋友"。该方法能够同时添加多人，对于运营者在进行多人聚会等活动时加好友很有帮助。

需要注意的是，在进行接下来的"验证申请"操作时，用户最好输入一个合适的添加理由，避免被对方拒绝。运营者可以把 QQ 号或手机号设成微信号，这样更利于沟通和添加。

目前，微信是网络上的主要联系方式，很多用户在各种网络平台上留下了自己的微信号，而留下微信号的这些人可能会有不同的需求，同时他们希望自己的微信号被其他人添加，如图 3-2 所示。因此，运营者可以在网络上寻找这种与产品相关的微信号，主动出击，添加他们为好友。

另外，如果你不知道对方的个人信息，那么可以通过微信的一些基本功能来添加陌生好友，如常用的"附近的人"。

运营者可以利用现有的流量获取途径，将这些流量导入自己的个人微信号中，打造一个封闭的私域流量环境，搭建私域流量池。这样，运营者不仅可以和用户单独沟通，而且可以通过发布朋友圈动态进行"种草"，不断提升用户对自己的信任度，同时也可以进一步增加用户的忠诚度，如图 3-3 所示。

图 3-2　通过互联网留下微信号进行引流

图 3-3　通过朋友圈内容进行"种草"示例

2. 与用户建立关系和信任

如今，个人微信号也进入了成熟期，早期用户已经收割了大量的流量红利。另外，随着拼多多、有赞、云集等大量基于微信的电商平台的崛起，很多传统的电商商家、企业老板和创业者都涌入其中。因此，我们要尽早布局微信私域流量，只有这样才能降低自己的风险，提高收益。

私域流量的重点在于用户池的培养，通过运营私域流量池来运营用户，加深与用户的关系，提高自己的信任度。其具体作用如下所述。

（1）提升 LTV（Life Time Value，生命周期总价值）。将存量用户导入个人微信号搭建私域流量池后，我们可以不断地重复使用这些流量资源，提升 LTV，如图 3-4 所示。通过微信，我们可以与用户建立更亲密的关系，可以基于产品进行延展。不管是二次营销还是多元化营销，只要输出的内容不让人反感，就有助于销售。

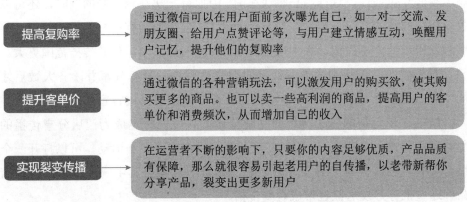

图 3-4　私域流量池对于提升 LTV 的作用

（2）提升 ROI（Return on Investment，投资回报率）。在构建私域流量池时，虽然也需要付出一定的引流成本，但是私域流量池可以衍生出更多变现方式，给我们带来更高的收益，获得更高的投入产出比。私域流量池的重点在于精准的流量运营，把引进来的流量进行转化，可以减少推广成本，达到提升 ROI 的目的。

3.2　发动已有粉丝进行自传播

对私域电商来说，流量增长是每个商家最重要的命题——因为没有精准的流量，商家就很难生存下去，这是一个非常残酷的现实。好在，私域流量兴起，让商家找到了"救命稻草"，但这个"稻草根"是否足够稳固，还要看商家的私域流量池是否足够大、足够活跃。本节将介绍一些裂变引流的方法，让你的用户数量实现爆发式增长。

运营者可以在自己已有的私域流量中努力，想办法让粉丝将自己的微信名片推荐给别人。

当然，想要激起粉丝主动转发和分享，就必须有能够激发他们分享传播的动力。这些动力来源于很多方面，可以是活动优惠、集赞送礼等，也可以是非常优秀的能够打动用户的内容。总之，只有给用户提供有价值的内容，才会引起用户的关注。

为了更好地促进用户对微信活动进行分享和推广，企业可以在H5页面中添加裂变红包插件，这样用户每次在H5中抽得一次红包奖励的同时，还可以收获相应的裂变红包。裂变红包对企业的H5营销活动有很好的推动作用，能够激发用户的分享欲望，极大地提升H5页面的分享率，使其传播范围更大。

对于裂变红包活动来说，红包的裂变是重点，只有分享并凑齐人数后才能领取。制作好H5裂变红包活动后，还需要重点对其进行宣传推广。

微信红包营销颠覆了传统的品牌营销方式，同时也成为门店分享传播的主流活动方式。尤其是H5裂变红包活动，用户扫码参与活动，可以打开一个组合红包，将其分享给好友领取之后，即可随机获得其中一个红包，让门店品牌通过推荐好友送红包形成裂变传播。

在自己的私域进行裂变吸粉时，其奖励机制的设置包括两种情况，一种是老用户分享了并有截图证明就有奖，另一种是以老用户分享之后转化新用户作为判断奖励的依据。

3.3 精准涨粉的3个层次

涨粉一直是互联网运营人的一大痛点，但涨粉真的是最致命的问题吗？在第1章中就提到过涨粉的根本问题是**用户不精准**，本节首先介绍我们与用户的关系，如图3-5所示。

由图3-5可知，最里面一层是微信铁杆粉丝，这些粉丝的特点是经常购买我们的产品，属于关系最强的用户。接着外面的一层是互动微信好友，这些粉丝的特点是会偶尔在朋友圈点赞和评论，但是你对这层用户并不是很了解。再外一层则是陌生微信好友。那么，你的微信里，这些用户都是怎么分布的？他们的比例又是怎样的呢？

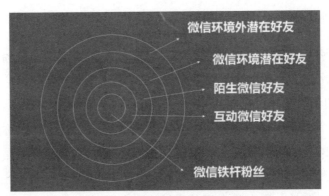

图 3-5　微信好友用户圈层分布

除了微信朋友圈的好友之外，在微信大环境下的微信群、微信小程序、微信公众号等也聚集着一大批潜在的微信好友。另外，除了微信外，抖音、头条、知乎、百度等各大平台也都有很多潜在用户。这么多的潜在粉丝，你都想办法让他们加你的微信了吗？很显然，大部分人没有做到。

在此，笔者从 3 个层次对涨粉进行分析。

1. 第1层：涨粉之道

第 1 层，站在"道"的层面分析涨粉，涨粉之道就是要知己知彼。首先要知己，**即我是谁、我的精准用户是谁、我的精准用户有什么诉求、他们分布在哪些渠道等**。问问自己这些问题，并能给出明确的答案，才能算得上是知己。知己之后还要做到知彼，即了解你的用户。

如图 3-6 所示，首先要了解你的用户昵称，知道他们的性别、年龄、爱好等。除此之外，最好还要了解他们经常聚集的地方，知己知彼才能百战不殆。

图 3-6　应了解的用户内容

2. 第2层：涨粉之术

理解了涨粉之道后，接着就可以尝试了解涨粉方法，即涨粉之术，在这里推荐 5 种比较常用且有效的涨粉方法。

1）介绍涨粉法

我们每个人其实都加了不少社群，包括学员群也是。如果你进入了一个用户很精准的社群，那你会怎样加这些成员来涨粉？大部分人是直接添加，甚至连备注都不写，结果通常是加了很多人却被举报，然后被群主踢出社群。

如果你能够学会用自我介绍的方法来巧妙地让别人加你，效果就会好很多倍。笔者就试过这种方式，结果是在一个社群内有几十个人主动加我，具体做法如下所述。

加入群后，在群内做一个自我介绍。如果错过了群内最活跃的阶段，可以发一个红包把大家"炸"出来，之后开始做自我介绍。图 3-7 为笔者做自我介绍的模板。

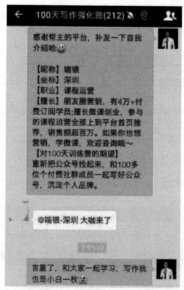

图 3-7　自我介绍模板

这个模板其实就是自我营销型介绍模板，通过自我介绍，要让别人知道你是谁，你是干什么的，你过去做过什么事，你希望什么样的人认识你。这样一来，很多看到你做自我介绍的人都会想要与你结交。

除此之外，还有一个小技巧，即证明你厉害的地方，体现出自己的不同之处。例如，有人喜欢读书，你可以说：我每个月读一本书，已经坚持了3年，喜欢读书的同学可以加我微信多交流；有人喜欢写作，你可以说：我写过多少字，写了多少文章，被××知名公众号转载，是××平台的签约作者，写过××书。

我们要擅于挖掘自己最优秀的一面并展示出来，这样才会吸引别人，才会有人主动加你。除此之外，最好加一句"对××感兴趣的同学可以加我微信"。不要小看这一个细节，这一句话起到了鼓励别人加你微信的作用，也给了别人与你交朋友的机会。

入群方法：批量加入同领域付费社群，如行业交流群、专业垂直群、KOL粉丝群。那么我们在哪里可以找到这样的群呢？如公众号、朋友圈、转介绍换群及豆瓣小组等。看似简单的微信添加，其实是社交的链接，你要给一个和别人加微信好友的理由，也许是链接，也许是合作等。

2）互推涨粉法

互推涨粉法比较常见，其主要有两种互推模式，即同质好友朋友圈互推和同体量平台文案合作互推。在此只要注意互推涨粉的关键即可：**同一个行业、同一个圈子、同一个社群。**

3）植入涨粉法

我们经常会在公众号文章等地方看到作者留下自己的微信号，这是非常常见的植入涨粉法。植入涨粉法也分为两种，即**文案植入和分享植入**。同时，植入涨粉法也有3个要点，如下所述。

（1）**巧妙地植入个人微信**。我们在其他平台植入二维码和公众号时，有些平台监管比较严格，不允许直接留微信号和二维码。此时可以利用图片替代文字，巧妙避开平台的规定限制。

（2）**给对方加微信的理由**，即设置一句话或一段话，鼓励用户加我们的微信；也可以设计"诱饵"，如添加微信可以获取资料，让客户主动加你的微信。

（3）**找大流量的曝光渠道**。

4）导流涨粉法

导流涨粉法是一个适用于所有人的引流方法，和植入涨粉法比较相似。两者的区别是植入涨粉法有限制，而导流涨粉法则能正大光明地向大流量渠道进行导流。导流涨粉法也有两个技巧：**找到用户聚集地平台、靠优质内容背书引流。**

5）钓鱼涨粉法

如果把用户聚集的环境比喻成一个鱼塘，那么用户就是池塘里的鱼，我们要想钓到鱼，最先要做的是什么？不是准备鱼竿，而是先准备好鱼饵。其具体的实施方法包括5个步骤。

（1）选准一个垂直领域。

（2）挖掘领域人群需求。

（3）设计满足目标人群需求的"诱饵"。

（4）设计好传播海报和领取路径。

（5）借助"诱饵"引导用户添加你的微信。

3. 第3层：涨粉之器——两大类型裂变方式

前两年有一种比较火爆的涨粉方式，称为"裂变法"，即通过设计裂变路径，让用户帮我们转发和分享，不断地裂变直到停止。

这其实是在钓鱼涨粉法的基础上加了一个环节：让新来的用户不断帮你转发这条朋友圈，完成操作后才把资料给他，而这一切还是完全利用涨粉机器人自动操作的。这里主要介绍两种裂变类型，即群裂变和个人裂变。

1）群裂变

群裂变路径如图3-8所示，其有3个关键点，如下所述。

（1）提供满足用户需求的内容。

（2）设计优质的传播海报。

（3）拥有一群启动种子用户。

图3-8 群裂变路径

2）个人裂变

个人裂变路径如图3-9所示，笔者更希望大家能够掌握涨粉理论，这样不管在任何时代，任何新环境下都能从容找到你的涨粉方法，最后利用工具提高效率。

第3章 引流：提高朋友圈黏性和转化

图 3-9　个人裂变路径

　　涨粉方法其实很多，只要找对适合自己的方法就要不断地去强化，总能够找到你的粉丝。综上所述，涨粉有 3 个层次，如下所述。

　　第 1 层：涨粉之道，做到知己知彼。

　　第 2 层：涨粉之术，掌握基本的涨粉方法。

　　第 3 层：涨粉之器，使用新的涨粉工具。

 ## 抖音导流微信，最大化挖掘粉丝价值

　　"抖商"要想能够长期获得精准的流量，必须不断积累，可以将抖音短视频吸引的粉丝导流到微信平台上，把这些精准的用户"圈养"在自己的朋友圈流量池中，并通过不断地导流和转化，让流量池中的水"活"起来，以更好地实现变现。

　　微信沉淀流量能获得长久的精准用户。2019 年 1 月 9 日微信官方发布的《2018 微信数据报告》显示，截至 2018 年 9 月，微信月活跃用户达到 10.82 亿人，每天发送消息 450 亿次，同比增长 18%。这些数据表明，微信不仅有为数众多的用户使用，而且其消息触达率也非常高。对于如此庞大的流量平台，"抖商"一定要利用好微信，用微信来沉淀流量和维护粉丝。

　　"抖商"可以在抖音、快手、今日头条、淘宝及各直播平台中的个人简介或者内容中给出微信号，并且通过一定的利益来吸引粉丝添加你的微信，如红包、抽奖、优惠券、赠品或者新品抢购等。

　　例如，"手机摄影构图大全"自媒体在抖音通过图文、短视频等内容吸引了 15 万粉丝关注，并在简介中给出了自己的个人微信号进行导流，同时在微信公众号上开通了微店售卖产品，如图 3-10 所示。

图 3-10 "手机摄影构图大全"自媒体引流实例

"抖商"通过各种福利不仅可以引导用户分享自己的内容，形成裂变传播，而且还能在微信平台上深度沉淀用户，对他们进行二次甚至多次营销，将收获的流量反哺到自己的店铺中，这些精准流量带来的转化率是非常可观的。

图 3-11 所示为"手机摄影构图大全"的微店，其主要销售一些手机摄影的相关书籍。因此，打造一个"短视频（引流）→微信（导流）→店铺（变现）"的商业闭环，对于"抖商"来说刻不容缓，其可以将单个流量的价值成倍放大，获得长久的精准用户。"抖商"常用的微信吸粉技巧如图 3-12 所示。

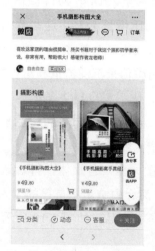

图 3-11 "手机摄影构图大全"的微店

第3章 引流：提高朋友圈黏性和转化

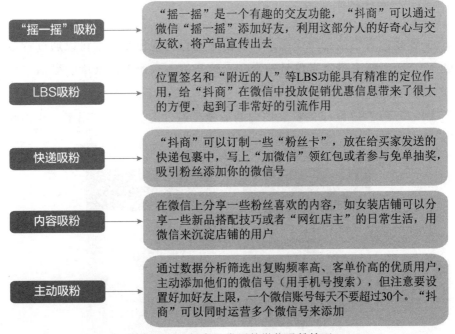

图3-12 "抖商"常用的微信吸粉技巧

粉丝是实现营销目标的重要支撑，他们是精准营销的重要目标用户群体。目前来看，在微信的营销生态圈层中，粉丝是不可或缺的组成元素，具有巨大的营销价值。

基于粉丝的作用，一些"抖商"盲目地重视粉丝数量，而忽视粉丝质量，走入了营销的认识误区。数量与质量是相对的，当偏向于某一方时，就失去了平衡，更何况在微信营销中，粉丝数量是受限制的，这会严重阻碍你的发展。

8种平台互推导流至微信的方法

抖音是一个十分强大的引流渠道，第3.4节介绍了将抖音粉丝导流到微信的重要性，本节将介绍具体的导流方法，帮助"抖商"实现平台互推。这里再次强调，要实现抖音增粉或者微信引流，首先必须把内容做好，通过内容运营来不断巩固你的个人IP。只有基于好的内容才能吸引粉丝进来，才能让他们愿意去转发分享，慢慢地，你的流量池中的"鱼"就会越变越多，离成功也就越来越近。

1. 在视频内容中给出微信号

在视频内容中给出微信号，可以由主播自己说出来，也可以通过背景展现出来，或者打上带有微信号的水印。这个视频火爆后，其中的微信号也会随之得到大量的曝光。

例如，图3-13所示的护肤内容的短视频通过图文内容介绍了一些护肤技巧，最后通过展现主播自己的微信号来实现引流。

图3-13 在视频内容中给出微信号

需要注意的是，最好不要直接在视频上添加水印，这样做不仅影响粉丝的观看体验，而且不能通过审核，甚至会被平台封号。

2. 在账号简介中展现微信号

抖音的账号简介通常简单明了，主要原则是"描述账号＋引导关注"。其基本设置技巧如下：前半句描述账号特点或功能，后半句引导关注微信，一定要明确出现关键词"关注"；账号简介可以用多行文字，但一定要在多行文字的视觉中心出现"关注"两个字；用户可以在账号简介中巧妙地推荐其他账号，但不建议直接引导加微信。

在账号简介中展现微信号是目前最常用的导流方法，而且修改起来也非常方便快捷。但需要注意，不要在其中直接标注"微信"，可以用拼音简写、同音字或其他相关符号来代替。用户的原创短视频的播放量越大，曝光率越高，引流效果就会越好，如图3-14所示。

第3章 引流：提高朋友圈黏性和转化

图 3-14 在账号简介中展现微信号

3. 在个人昵称里设置微信号

在个人昵称里设置微信号是抖音早期常用的导流方法，如图 3-15 所示。目前今日头条和腾讯之间的竞争非常激烈，抖音对于名称中的微信号审核也非常严格，因此"抖商"在使用该方法时需要非常谨慎。

同时，抖音的个人昵称需要有特点，而且最好和定位相关。例如"不加班的设计师小强"，名字不仅突出亮点"不加班"，而且通俗易懂，如图 3-16 所示。

图 3-15 在个人昵称里设置微信号

图 3-16 个人昵称要有特点

抖音修改名字非常方便，进入"设置"界面，选择"编辑个人资料"选项，进入其界面，❶点击"昵称"一栏，如图3-17所示，进入"修改昵称"界面；❷在"我的昵称"文本框中输入新的名字，如图3-18所示；❸点击"保存"按钮保存，即可修改账号名字。

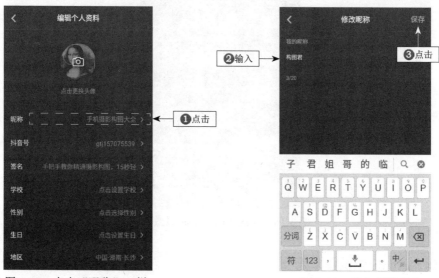

图3-17 点击"昵称"一栏　　　　　　图3-18 输入新的名字

设置抖音个人昵称的基本技巧有两点，如下所述。

（1）个人昵称不能太长，太长用户不容易记忆，通常为3~5个字即可。

（2）最好能体现人设，即看见昵称就能联系到人物。人设是指人物设定，包括姓名、年龄、身高等人物的基本设定，以及任职企业、职位和成就等背景设定。

4. 在抖音号中设置微信号

抖音号和微信号一样，是其他人能够快速找到你的一串独有的字符，位于个人昵称下方。"抖商"可以将自己的抖音号直接设置为微信号，如图3-19所示。但是，抖音号只能修改一次，一旦审核通过就不能再修改。所以，将抖音号修改为微信号之前一定要确保该微信号是最常用的那个。

但是，这种方法有一个非常明显的弊端，即"抖商"的微信号可能会遇到好友上限的情况，这样就无法通过抖音号进行导流了。因此，建议"抖商"将抖音号设置为公众号，这样可以有效避免该问题，如图3-20所示。

第3章 引流：提高朋友圈黏性和转化

图 3-19 将抖音号设置为微信号

图 3-20 将抖音号设置为公众号

修改抖音号的操作方法如下所述。

（1）打开抖音 APP，在主界面点击右下角的"我"按钮进入界面，点击左上角的个人头像，如图 3-21 所示。

（2）进入"个人资料"界面，点击"抖音号"一栏即可修改，如图 3-22 所示。在修改抖音号时需要注意，抖音号只能包含数字、字母、下画线和点，其他字符都不可以用。修改好之后，点击右上方的"保存"按钮即可。

图 3-21 点击个人头像

图 3-22 "个人资料"界面

5. 在背景图片中设置微信号

背景图片的展示面积比较大，容易被人看到，因此在背景图片中设置微信号的导流效果也非常明显，如图 3-23 所示。抖音背景图片的设置方法如下所述。

（1）进入"我"界面，点击背景图片，点击"更换"按钮，如图 3-24 所示。

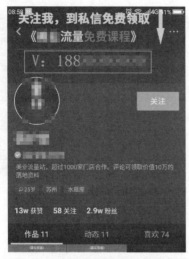

图 3-23 在背景图片中设置微信号

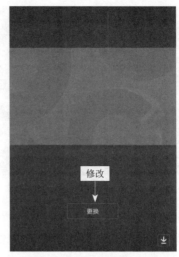

图 3-24 点击"更换"按钮

（2）弹出快捷菜单，可以从相册或图库中选择喜欢的图片，如图3-25所示。

（3）例如，选择"从图库选择"选项，在图库中选择合适的图片，点击"设为背景图"按钮即可，如图3-26所示。

图 3-25 弹出快捷菜单

图 3-26 点击"设为背景图"按钮

（4）执行操作后，即可修改主页背景图片，效果如图3-27所示。

（5）如果选择的是"相册选择"选项，则需要将相册中的图片裁剪为合适大小，如图3-28所示。

第3章 引流：提高朋友圈黏性和转化

图 3-27　主页背景图片修改效果　　　图 3-28　裁剪相册图片

6. 在背景音乐中设置微信

抖音中的背景音乐也是一种流行元素，只要短视频的背景音乐成为热门，就会吸引大家去拍同款，其得到的曝光程度不亚于短视频本身。因此，"抖商"也可以在视频内容上传的背景音乐中设置微信号进行导流，如图 3-29 所示。

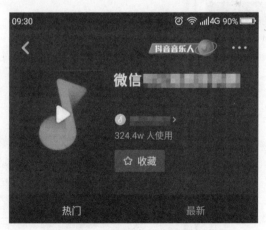

图 3-29　在背景音乐中设置微信

上传背景音乐的操作方法如下所述。

（1）启动抖音，点击中间的"＋"按钮，如图 3-30 所示。

（2）进入拍摄界面，点击"选择音乐"按钮，如图 3-31 所示。

059

图 3-30 点击"＋"按钮

图 3-31 点击"选择音乐"按钮

（3）进入更换配乐界面，如图 3-32 所示。

（4）❶在搜索框中随意输入一个名字，❷点击"Search"（搜索）按钮，如图 3-33 所示。

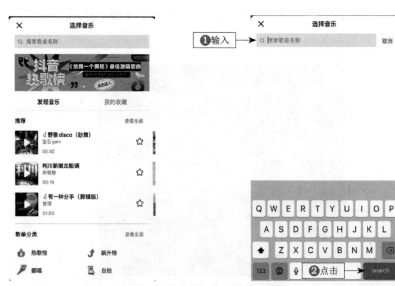

图 3-32 更换配乐界面　　图 3-33 随意输入一个名字并点击"Search"按钮

（5）在搜索结果上面点击"点击推荐"按钮，如图 3-34 所示。

（6）执行操作后，进入推荐音乐界面，这里有本地上传和网址链接两种形式可以上传音乐，如图 3-35 所示。

第3章 引流：提高朋友圈黏性和转化

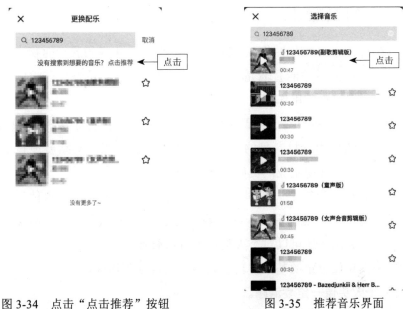

图 3-34 点击"点击推荐"按钮　　　　图 3-35 推荐音乐界面

（7）点击"选择音乐"按钮，选择相应的本地音乐，如图 3-36 所示。

（8）选择音乐后，❶在"歌名"文本框中输入导流话术，❷点击"完成"按钮保持即可，如图 3-37 所示。

图 3-36 选择相应的本地音乐　　　　图 3-37 输入导流话术

061

7. 在个人头像中设置微信号

可以在抖音号的个人头像中设置微信号,但个人头像的展示面积比较小,需要粉丝点击放大后才能看清楚,因此导流效果一般。另外,有微信号的个人头像也需要用户提前用作图软件做好。

需要注意的是,抖音对于设置微信号的个人头像管控得非常严格,所以"抖商"一定要谨慎使用。抖音号的个人头像也需要有特点,必须展现自己最有特色的一面,或者展现企业的良好形象。

用户可以在"编辑个人资料"界面中修改个人头像,其有两种方式,分别是从相册选择和拍照。另外,在"我"界面中点击个人头像,不仅可以查看个人头像的大图,还可以对个人头像进行编辑操作。

抖音个人头像设定的基本技巧主要有 3 个,如下所述。

(1)个人头像一定要清晰。

(2)个人人设账号一般使用主播肖像作为个人头像。

(3)团体人设账号可以使用代表人物形象作为个人头像,或者使用公司名称、LOGO 等。

8. 通过设置关注的人引流

"抖商"可以创建多个小号,将它们当作引导号,然后用大号去关注这些小号,通过大号来给小号引流,如图 3-38 所示。

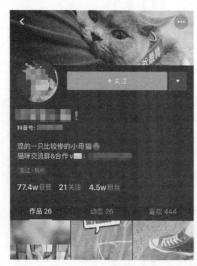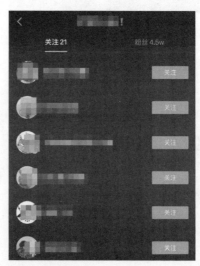

图 3-39　通过设置关注的人引流

另外,"抖商"也可以在大号个人简介中给出小号的抖音号,以给小号导流。例如,图3-39中的抖音号就在账号简介中吸引粉丝关注其他抖音号。

图3-39 通过账号简介为小号导流

很多"抖商"可能都是由微商转型来的,在短视频这一领域可能会有些"水土不服",难以变现,此时最好将抖音流量导流到自己熟悉的领域。但是,抖音对于这种行为限制得比较厉害,会采取限流甚至封号的措施。

很多用户在看到精彩的短视频内容后,不仅会关注该短视频的创作者,而且出于好奇还会去看他喜欢的内容,如图3-40所示。此时,"抖商"就可以利用这些粉丝的好奇心,在"喜欢"列表中给自己的小号作品点赞,吸引粉丝关注,然后通过小号用一些比较大胆的方式来给微信导流。

另外,"抖商"也可以在大号上发布短视频作品时,在标题中@自己的小号,这样粉丝点击这些小号名称即可快速到达小号主页面。"抖商"可以在这些小号中放心大胆地使用一些导流方式,如在背景图、头像中添加微信号等,这样能够避免大号被封。

图 3-40　通过大号给小号作品点赞引流

3.6　为何加你好友：让用户看到你的价值

如果现在让你去找核心铁粉，你会怎么找？直接从互不相干的人群里筛选，还是从付费用户群体里筛选？当然，笔者不知道你的想法是什么，但是笔者想分享的是，找人的手段只是最低层次的。

最核心的层次是你为什么要找人，即黄金圈中提到的最核心的思考原则：从 Why（为什么）开始，然后考虑具体的事宜，最后才是方法。但是大多数人找人都是直接广撒网，根本不思考自己为什么要找这些人。所以，笔者经常问想做社群的人以下几个问题：

你是谁？

你是干什么的？

你有什么料？

你有什么资源？

你要找的是什么人？

你能够为用户提供什么服务？

在笔者看来，这些问题很重要。如果要找铁粉，就必须先问清楚自己凭什么成为号召"群雄"的霸主。上面6个问题你都问过自己吗？你能够振振有词地给出答案吗？笔者之前在找核心用户时就会问自己这样的问题，同时也给出了答案：

我是端银。

我是产品运营。

我有产品朋友圈运营课程，全网超过10万+人在学。

我有×××个社群、×××个粉丝。

我要找的是同领域真正认可我又愿意一起玩的人。

我能够为用户提供优质内容+社群服务+流量扶持+人脉链接。

然后笔者会思考为什么一定要找到这些用户，同时也得出了3个理由。

（1）我要构建中心区核心用户强关系，我要拥有自己的社群。

（2）我要成为有影响力的KOL（Key Opinion Leader，关键意见领袖），通过提高用户的影响力来整体提高社群的影响力。

（3）找一群志同道合的人一起抱团成长，建立归属感。

3.7 让人加你：福利、联络人、合作、文案

当然，我们只想自己是不够的，很可能会陷入自娱自乐的状态。我们要做的更多的是站在用户的角度思考用户为什么要追随我们。

也许是因为你真的有料，跟你能够学到东西；或许是你的人品不错，舍得付出；再者是本来就很仰慕你，想进到你的圈子里。

但是到这里，我们先不要开心得太早，用户加入是要付费的，我们还要思考他们的决策过程是怎样的。实际上用户在决定付费加入那一刻，他们真正想的是这个群的价值感强，而且价格非常超值，提供的价值与服务已经远远超出了用户的期待，值得用户立刻去拥有。这些其实才是用户想要加入的真正原因。

因此，笔者经常对外分享，如果你找核心用户，那么你收多少钱，就要

提供超过这个价钱10倍甚至100倍、1000倍以上的价值。这个说法一点都不为过,因为只有这样,大家才会愿意相信你,愿意跟随你。

当我们真正找到人之后,还要思考应如何搭建服务系统。

要建立起你与用户、用户与用户之间的赋能系统,首先要做的就是梳理用户的圈层:从自己出发,到核心用户,再到观望的人群,这些你应怎样进行转化,要预估你现在的能量能够辐射到多少人。

当你找到更多的铁粉后,还要思考整个社群生态用户体系是怎样分布的。笔者过去就曾经把自己的群分成了6个层次:最高层是群主,次之是助理粉丝,再次之是群里的KOL,然后到铁粉,再到付费用户,最后是观望路人。

找到这些人之后,他们每个人可以得到什么呢?每个层次的人都有与之相对应的获得的东西。一个社群本身就是一个生态,如果只有源源不断地索取,那么这个社群迟早会把能量耗完,因此必须要建立社群的赋能管道,得到某种东西的同时也要付出,于是与之对应的就是:

群主(内容输出+统领一切)→精神与物质奖励;

助理粉丝(内容输出+运营管理)→得到能力培养和资源扶持;

KOL(内容输出+能量吸引)→得到影响力巩固(圈粉);

小波铁粉(内容输出+极力拥护)→得到指导等特殊服务;

付费用户(内容输出+偶尔参与)→享受群内一切玩法福利;

观望路人(关注与观望)→不断地对外传播群内能量。

这样一来,整个社群的能量就平衡了,这个社群的框架才算完整。接下来介绍如何找核心粉丝,找核心粉丝的方法有很多种,有人采取的是单独引入的方法,即靠自己的流量引入;也有的人靠推荐的方法,即社群里本身就有一群人,然后社群里的每个人都有邀请名额进行邀请引入,这种适合于黏性比较高的社群;还可以采用分销的形式。方法有好有坏,也有适用范围,大家可以根据实际情况选择。

再接下来就是宣传准备阶段,你要准备好招募文案,文案中的内容要明确你的群能够提供的价值及与众不同之处,把价值锚点也抛出来。

宣传物料准备好后就去各大渠道宣传,如朋友圈、社群等。除此之外,还要撬动学员帮你传播、分享。

传播结束,找到一波人之后,仍要不断地重复传播你的圈子品牌。当越来越多的人看到圈子里普通学员的能量很高时,就能够源源不断地吸引新的铁粉。笔者之前的社群一开始也只找到了100多人，后面的100多人都是通过这种方法陆陆续续加进来的。

最后，总结以上内容，推荐的方法是在黄金圈的框架上去找铁粉，先思考为什么；然后解决你能提供什么，有什么玩法；最终才是落地执行。综上所述，得出：

深度思考：决定你的用户是否要追随你；
赋能体系：决定你的社群寿命；
实操方法：决定你能够找到多少追随者；
你的能量与格局决定了你能够走多远。

第 4 章

规划：做好展示个人的内容规划

> **学前提示**

在微信私域流量池的营销过程中，如何将商品描述得准确得体又能引人注目，是一个自始至终贯穿销售过程的重大问题，它决定着销售的整体水平。

本章主要介绍朋友圈文案内容的内容策划，使微商、自明星们在朋友圈中大展拳脚，业绩步步高升。

> **要点展示**

- 朋友圈内容规划的三大核心：定位、人设、调性
- 内容规划的落地点，让人忍不住星标的价值内容
- 不靠广告，吸引成交的内容都是这样发的
- 魅力内容规划，合格的内容规划搭配技巧
- 魅力文字表达，提升个人魅力的表达秘诀
- 6种朋友圈发文的攻略和技巧

4.1 朋友圈内容规划的三大核心：定位、人设、调性

朋友圈就是我们的第二张名片，**它直接决定了社交价值**。笔者问大家一个问题：你们是怎么通过朋友圈来判断一个人的魅力的？大多数人其实从加别人微信那一刻就已经对其有了一个大致的定位。你会通过他的朋友圈发布的内容，去推断他是一个有才的、帅气的、平庸的还是优秀的人。

同样，别人也会通过翻看你的朋友圈过去发布的内容，大致了解到你是一个什么样的人，然后给你一个定位和人设，如是否是一个有趣有料的人，然后决定是否会与你有深入的交流。

微商朋友圈是大多数人很反感的一类朋友圈，因为他们通常会一天之内发几十条内容轰炸用户，并且全部是广告推广，多到别人不得不将其屏蔽。很明显，这种朋友圈的内容规划是十分错误的。

那么我们应该如何打造一个优质的朋友圈呢？首先要弄清楚朋友圈内容规划的三大核心：**定位、人设和调性**。

1. 定位

关于这一点，前文中已具体分析过，其实就是通过挖掘自己的经历和成就，提取出一个最亮的点，为自己设置一个标签。

朋友圈内容定位有4个要点，即**受众、需求、调性、比例**。而在做好受众需求分析前，要有一个明确的用户画像。图4-1所示为宝妈的用户画像。

图 4-1 宝妈的用户画像

2. 人设

"人设"是人物设定的简称,包括人物的基本设定,如姓名、年龄、身高等,以及出生背景、成长背景设定等,简单来说就是创造一个完整的人物。在微信朋友圈这个私域流量池中,人设即通过发朋友圈的内容来展示自己,久而久之就会在你的微信好友的心目中设立起一种形象。图 4-2 所示为常见的人设类型。

图 4-2 常见的人设类型

值得一提的是,我们最好围绕自己的身份和背景塑造出适合自己的人设,人设完美须谨慎,略带瑕疵更佳。例如,笔者出身比较低微,笔者给自己塑造的是逆袭人设,努力、上进,为了更好地改变自己,改变命运。

人设最好不要过于完美,笔者建议略带瑕疵,一旦没有了完美,就不会有崩塌。如果总是把自己塑造成好人,有一天你犯了小错,你的人设就可能有崩塌的危险。因此,我们在人物的设定上要特别谨慎。

3. 调性

调性是指朋友圈内容组织的一种风格,调性是因人而异的,也是独一无二的。调性有两个注意要点:**与自己的人设相协调、与现实的自己相协调**。

确定了朋友圈三大核心之后,接下来介绍让人忍不住星标的价值内容。

4.2 内容规划的落地点,让人忍不住星标的价值内容

在介绍朋友圈内容规划的落地点之前,我们先来思考一个问题:你不会屏蔽的朋友圈有哪几类?它们具有什么特点?笔者总结后认为,以下几种朋

友圈类型是我们愿意看到的：**福利、干货、认知、有用、快乐、情感**。

朋友圈内容规划的三大落地点分别为**内容类型、发布时间和发布频率**。

1. 内容类型

想要让自己的朋友圈有价值，首先要确定好自己的朋友圈到底应该发什么类型的内容。

（1）**产品类**：你的产品可以解决用户哪些问题。

（2）**观点类**：说说你对世界和身边事物的看法。

（3）**生活类**：发和生活相关的内容，体现个人温度。

（4）**技能类**：分享可以帮助目标用户的小技能。

图 4-3 所示为根据以上四大类型丰富一周朋友圈的内容规划示例。

周一	周二	周三	周四	周五	周六	周日
早上7:00~9:00（起床到上班前）						
段子或鸡汤	资讯	生活	趣闻	资讯	休息	思考
中午11:00~13:00（午休吃饭休息）						
专业干货	友情转发	专业干货	思考	广告一波	粉丝赋能	生活
下午18:00~20:00（下班路上到整理洗漱前）						
粉丝赋能	专业干货	观点链接	口碑提示	专业干货	专业干货	趣闻
晚上21:00~23:00（躺床上刷最后一波朋友圈）						
专业干货	思考	粉丝赋能	专业干货	一周复盘	亲情	社交展示
注：以上内容仅供参考，内容顺序、比例、范围可自行调整						

图 4-3　朋友圈的内容规划示例

对图 4-3 内容规划的延伸解读如下：干货，即专业领域的小技能、小知识；资讯，即专业领域的新玩法或政策；观点，即对某些事物的想法和看法；口碑，即用户评价或行业大咖的评价；生活，即展示真实的自己和情感；赋能，即展示支持你的代理或用户。

到这里，大家应该已经了解了朋友圈应该发布的内容。接下来介绍朋友圈内容发布的技巧，其主要有 5 个要点：**简洁易懂、观点鲜明、真实可见、真诚有心、诙谐幽默**。

（1）**简洁易懂**。建议发的每一条朋友圈都用简单直接的语言，千万不要写得很深奥，这是非常忌讳的。

（2）**观点鲜明**。每一条朋友圈最好都有一个自己的观点，且一个足矣。

（3）**真实可见**。发布的内容要真实，最好的方式就是配图，还原真实场景。

（4）**真诚有心**。在朋友圈内容表达的用词和语气上不要太做作，要真诚走心，这样更容易获得别人的认可。

（5）**诙谐幽默**。掌握这个高级技巧，你将会被更多人喜爱。

掌握并利用好这5个小技巧，在发朋友圈时一定会吸引用户的关注。那么具体应该怎么发呢？下面介绍一些实操案例。

例如，生活类型内容，可以发布一些和自己生活相关的内容。你今天给家人做了一顿早餐，可以拍照发出来；今天给家里的狗狗洗澡了，也可以拍照发出来。这样的朋友圈一发出来，会立刻让你这个人看起来非常温暖、有爱。

干货类型的朋友圈发布更简单，针对你擅长的领域，梳理一些方法和技巧。例如，你是一个家庭主妇，打理房间很有心得，那么你可以分享怎么扫地可以保持清洁时间更长，且不沾灰尘，把操作方法按照"1、2、3"的步骤分条分享出来。

关于新颖资讯的表达，当有娱乐八卦时可以适当"吃一下瓜"。除此之外，笔者还建议发布一些你所在行业的资讯。例如，你在银行工作，那么你可以发布最新银行利率的调整状况，这些资讯对大家的生活都是息息相关的，价值自然也很大。

福利放送类，只要你能做到"舍得"这一点，有一种利他的精神在，一切技巧都好用。但是要注意，福利只能限时限量发，否则会看起来很廉价，并吸引很多伸手党。

搞笑段子类，朋友圈必备，平时注意留意并收集那些有意思的段子，发出来。当你能够给大家带来快乐时，大家自然不会屏蔽你，反而会喜欢你。

以上几个技巧对大部分朋友来说一点都不难，难的是按照这些方法发出去以后，朋友圈缺乏活跃度，点赞数很少，评论也很少，冷冷清清的。

那么我们如何提高朋友圈的活跃度呢？下面给大家推荐一些技巧和文案。

其实朋友圈的活跃度是通过文案内容来体现的。如果用叙述的表达方式，那么看起来就是你自己一个人在说，对用户来说完全没有参与感。换一个角度，假如你用提问的语句，你就为大家创造了话题参与感。

要用上这个技巧非常简单，如你现在随意看到了一件陌生东西，你可以拍照发出来，文案就写："你猜这是什么？"这就是**开放式提问**，每个人都给出自己的答案，客户的参与度比较高。再如，笔者前段时间在球场上看到几个小朋友在打球，于是文案是这样写的："这几个小哥哥想叫我打球，要不要一起打？"这就是**封闭式提问**，大家参与的难度就会大大降低，他们只需回复打或不打即可。

你现在学会朋友圈激发活跃度的文案设计了吗？就是多用封闭式提问，提高大家的参与度，让用户只需要回答是与不是、对与不对等正反两面的答案。

还有一些**高级的文案话术玩法**。例如："说真的，你关注了我朋友圈那么久，你多久没有给我好好点赞了？此条朋友圈仅给我关注的好友可见。"你只需要复制这条文案到你的朋友圈，再配图一张，收获陌生人几十个赞应该不在话下。类似话术，你还可以写："听说最近大家都去刷抖音了，你还在看朋友圈吗？你还在看的话，我们互相点赞哈哈哈。"

除此之外，还有哪些技巧呢？例如**自嘲的文案**，笔者曾经发过一条创业前后的对比图，点赞和评论数都特别多。学会自嘲自黑，也是高情商文案的展示。从自嘲自黑中我们得出了一条激发朋友圈活跃度的技巧，称为"反常化呈现"，简单来说，就是发一些和过去相比较反常的内容。例如，你本来是很斯文的人，某一天你发了去酒吧蹦迪的朋友圈；你本来是一个很严肃的人，有一天你发了一条很搞笑的朋友圈。

但是要注意，这样的反常化内容呈现偶尔发就可以了，如果经常发你的人设就会崩塌。至此，你应该明白，其实真正优秀的朋友圈从来都不是随随便便就发出去的，而是通过精心的内容脚本设计出来的，并且要有用户思维，提前预设用户的反应，如大家看完后会点赞吗、会评论吗、会笑吗、会嫌弃吗、会反驳吗等。

3个词总结朋友圈内容营销的核心秘诀，即**吸引、克制、稀缺**。通过你发的内容，吸引来那些愿意被你所影响的人；克制是指凡事适可而止，克制过度表达，克制过度炫耀，克制过度喧嚣；稀缺的目的是塑造价值，少就是多。

2. 发布时间

除了朋友圈的内容规划外，发布的时间也非常重要，很多人发朋友圈比较随意,想什么时候发就什么时候发,但是过于随意的结果就是朋友圈打开率和转化率下降。图4-4所示为大多数典型用户一天内发朋友圈的时间分配表。

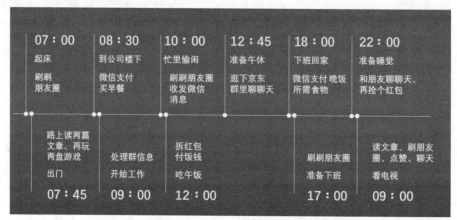

图4-4　典型用户一天内发朋友圈的时间分配表

笔者建议大家一天当中的发圈时间段为7:00—9:00、11:30—13:00、17:30—19:30、21:00—23:00,这些时间段比较符合用户刷朋友圈的习惯。当然,这些只是参考时间,具体的发布时间需要大家自己测试,应对比不同时间段的朋友圈点赞数和留言评论数进行调整,一般互动数量越多,说明这个时间段就是朋友圈的活跃时间段。

在此,笔者给大家分享一个测试朋友圈最佳发布时间的方法:同类型内容按照4个时间节点前后推进半小时发布,然后根据朋友圈的点赞、评论、私信、购买等数据进行调整。

3. 发布频率

这一点要特别强调,建议每天至少发一条朋友圈,最多不超过8条朋友圈,最合适的是2~5条。

4.3　不靠广告,吸引成交的内容都是这样发的

什么样的朋友圈发出去更容易成交呢?也是要多发广告吗?实际上,真

正吸引成交的内容基本上都不靠发广告。

过去，经常有很多学员来问笔者："老师，我看你的朋友圈总是有很多人点赞，而我自己的朋友圈总是冷冷清清，特别是发产品广告的时候，根本就没有人点赞，还有人甚至把我屏蔽了，我应该怎么办？"

看到别人的朋友圈有一连串点赞的确让我们羡慕，毕竟被人关注朋友圈是很有成就感的。但笔者想说的是，朋友圈的活跃度真的要看人，要看发朋友圈的这个人本身的影响力和名气，如果发朋友圈的人是有影响力的"大V"，那么即使他发的朋友圈很无聊，也会有很多人点赞。

那么对于普通人来说，在不发广告的情况下发什么内容会比较容易成交呢？用好这5种方法即可：**发案例、晒口碑、展效果、秀成绩、塑价值。**

1. 发案例

一个真实案例胜过千言万语，在我们的朋友圈流量池中聚集着许多熟人、朋友及一些网友，大家都会比较愿意和一个真诚的人来往，而不是去和一个弄虚作假的人交流。如果连最起码的信任都没有，何谈其他的东西呢？所以，当我们发布真实的案例时，更能体现出真实感，比起太容易自我感动的鸡汤和过于虚伪的内容效果更好。

2. 晒口碑

真实用户的口碑自己会说话。例如，笔者要开某一节课，而这门课在过去曾有几万名学员买过，他们在学习之后写下了真实的评价，没有一丝一毫的弄虚作假，这门课自然就有信任度。

用现有的成绩去影响朋友圈的人，最好是体现出你经历过的辛酸和苦楚，如现在你做出了什么成绩？如果没有，可以回顾过去做出过哪些很出众的事情，值得拿出来和别人炫耀的事情。这样展示出来的效果是让人觉得你是一个优秀的人、上进的人，所以会为你点赞。

3. 展效果

不要试图去说服用户，没有人喜欢被说服，你只需让他看前后的效果对比，让他自己亲身体验。例如，微商完全可以寄出试用装产品给他们试用，效果好自然会有人回购；再如，笔者在销售课程之前会为他们提供免费课，他们听完后如果有收获就会购买。同时，你也可以把以往老用户使用产品后的前后变化展示给他们看。所以，不用刻意展示产品效果，只需要展示你的成绩即可。

4. 秀成绩

高情商的内容营销不要说自己有多厉害，而是应换一个角度来秀出你的成绩。以笔者为例，笔者过去有超过两年的课程策划经验，帮助18位大咖老师做过优质课程。但是笔者并没有说："我很厉害，你快来找我买课程吧。"而是说："所有的课程都是按照精品课的标准来打造的。"这条朋友圈发出去，就有好几位意向用户找到了笔者，想要一起合作。

同样的道理，你也可以展示你在所从事行业和领域做出的优秀案例，切换不同的角度来证明你的优秀。

5. 塑价值

这一点也很简单，如你和大咖老师一起学习，其实能够给用户一种你与大咖老师为伍，你的社交层次较高的感觉。因此，能够和大咖名人合影，是必备的价值塑造技巧。

另外，可以展示你的实力，如在线上线下被邀请去讲课，这也是难得的价值营销机会。要记住，千万不要错过，千万要记得拍照、发朋友圈。

除上述5点外，如何精准地对用户做价值营销呢？常用的方法是**对比**。例如，笔者曾经写过：普通人的课程策划关注的是表面的东西，如怎么包装好看；而优秀的课程策划关注的是用户背后的需求挖掘。最后联系到自己，我可以帮你做到哪种程度，贵有我贵的道理。

这个案例延伸出来的技巧就是通过对比你与竞争对手的差异化来凸显你的价值和优势，让用户自选你，不讲价。因此，我们可以得出一个结论，即朋友圈成交内容营销的核心是想尽一切不招人烦的办法来证明你的价值。

当然，要想获得更多成交量，光靠朋友圈还不够，还应为好友多提供价值，多私聊，多联络感情，少一点自娱自乐。

最后分享提升朋友圈成交量的可操作方法，如图4-5所示。

第4章　规划：做好展示个人的内容规划

图 4-5　提升朋友圈成交量的可操作方法

4.4 魅力内容规划，合格的内容规划搭配技巧

朋友圈活不活跃，关键在于发朋友圈的人是谁。我们都知道，太过活泼、太过单调以及纯广告类的朋友圈内容是被大多数人所排斥的。作为普通人，应采取一定方法来提高朋友圈的活跃度。在此，笔者推荐几个可使朋友圈变得活跃的操作要点。你只要了解这些操作要点，然后按照要求去做，你的朋友圈就可能在这个大的方向上变得越来越活跃。

1. 价值，永远提供有价值的内容

发朋友圈一定要给别人提供价值，无论你发的是什么内容，发朋友圈之前都要自问几遍：我发的东西对别人真的有帮助吗？如果你每天发的朋友圈内容都是关于自己的日常和心情，久而久之，你发的内容自然就会无人问津。

所以，我们一定要发对人有启示性的内容。要想发对人有启发的内容，就要先想到在具体场景下，哪些内容是可能对人有启示的。

例如，如果你是一个 HR，那么你的朋友圈中就可以发一些关于面试的干货技巧。有很多人都会面临面试的问题，如面试时涉及和老板谈薪资的问题，大家可能会不知道怎么说，而你作为专业人士，就可以分享一些干货经验帮助大家。

如果你发出去的内容经常有人点赞互动，则说明你的内容是相对能够迎合大家的需求的；如果一直没有回应，那么就需要去调整应对。

2. 利他，永远为用户的利益着想

我们永远都要为朋友圈的用户利益着想，观察他们需要什么，然后看看自己能给用户带来什么，自己是否能满足他们的需求。如果实在不能解决这个问题，那就换位思考，把自己当成用户，想象用户讨厌什么样的朋友圈内容，有则改之，无则加勉。

3. 稀缺，永远提供稀缺性的东西

我们的朋友圈中经常会出现一些随大流的信息，即"蹭热点"，如某课程刷屏了等。当同一个热点的内容已经铺天盖地，信息也变得随处可见时，我们就没有必要再继续重复传递相同的信息。

如果想蹭一波热点，就应该换新的角度进行表达，传递给用户一些新鲜的东西。这就是差异化表达你的稀缺感。

4. 真实，永远提供可靠真实的内容

没有人会喜欢虚假、夸大的东西，也没有人喜欢被欺骗，所以提供真实可靠的内容是让用户信任我们最直接的方法。

5. 成果，永远用成果来影响他人

只有我们自己做出了一定的成果才会影响到他人，所以当我们做出成果之后，用成果来激励团队成员也是非常有必要的。

4.5 魅力文字表达，提升个人魅力的表达秘诀

本节分享一些能够帮大家快速提升朋友圈活跃度的技巧，主要包括5个要点，即美图诱惑、福利放送、干货价值、真诚走心、自黑恶搞。

1. 美图诱惑

什么是美图诱惑？就是在朋友圈中秀出有美感的内容及图片。人本身就是视觉动物，我们可以从多个角度去挖掘美的一面。

美女向来都是吸睛的一大营销武器，偶尔发一发美图美照是很值得推荐的。还有萌宝，如果你家里有一个很可爱的宝宝，偶尔秀一秀也非常不错，但是要注意频率不宜太高，晒太多了会引起用户厌烦。

除此之外，还可以偶尔晒一些其他美的东西，如美食、美图、美景等。总而言之，遵守喜好原则，晒那些美到窒息的东西，避开太丑和见不得光的东西。

2. 福利放送

相信大家都在朋友圈中看到过甚至参与过集赞送红包、送礼物的活动，这些活动偶尔参与是可以的，但需要有一个操作标准。也就是说，你送出去的福利要精准，是大多数人想得到的，这样才会有很多人想要参与进来。

例如，你的朋友圈里做运营的人很多，那么你就可以送运营类型的资料或者课程福利，这就是福利精准投放。

除此之外，福利也不能直接送出去，笔者建议在送福利之前设置一个小小的悬念。例如，笔者过去在朋友圈送福利时会编辑一段很有噱头的文案，提前在朋友圈预热，告诉大家今天什么时间会送福利。如果你想要，记得来点赞让我知道，稍后我会私信发给你。很快，朋友圈就会出现一大片红点。

所以，送福利也有很多细节和技巧。有些人送福利，却把用户惯成了伸手党；而掌握了技巧再送福利的人，就会成功吸引用户的注意力并完成良好的互动。所以送福利成功与否，关键在于文案细节设计上。

3. 干货价值

朋友圈是社交圈，我们都很讨厌只会索取，不懂付出和进行价值交换的人。但是如果换一种思维方式，我们经常在朋友圈利他，会在朋友圈针对某一现象给用户一些启发，引发用户的思考，那么这些就是干货分享、价值分享。

举一个真实案例，有一个微信好友给笔者群发微信，而且不止一次两次，于是笔者就去翻看对方的微信，发现她一天之内发了32条朋友圈，并群发了2条微信。于是笔者就对她说："你这种玩法很可能会被人屏蔽，甚至删除，因为你的信息量已经严重超负荷了。"然后对方说:"我发的内容很多吗?"笔者回答她:"不仅多,而且对用户毫无价值。"和她结束对话以后,笔者截图发了一条朋友圈:

如果是过去我看到有人给我群发微信,我可能会很冲动地把对方删除,但是现在我会觉得这是一种需求,意味着我有机会解决他的问题,有机会为他提供更好的服务,皆大欢喜。

朋友圈发出去没多久,就有很多人点赞和评论,说你的这种化敌为友的思维太棒了,真是有启发。如果很冲动地把对方删除,对方某一天发现被人删除了会很受伤,而我也失去了一个用户。但是反过来,我没有因为对方的问题而抛弃她,而是选择帮助她,给她提供解决方案,这样就能够实现双赢。因此,完全不同的处理方式会给别人带来不一样的启发。

4. 真诚走心

真诚走心也很重要,因为朋友圈是真实的社交圈,我们都会对一个真诚的人有好感,而不喜欢冷漠无情、像机器一样的人。

那么,如何在朋友圈展现出我们人性化的一面呢?方法很简单,就是不要过于遮掩,大方地把真实情感发出来,把想到的、看到的也发出来。例如,春节过年回家,你和家人很久没有见面了,大家一起吃饭谈心,然后你在朋友圈发此刻的想法,这条朋友圈就是很真诚的、走心的。

亲情、爱情、友情、师生情等,都是表露内心有温度想法的切入点。人都是有情感的,把自己真诚的一面显露出来,让大家感受到你的温度,就会使人产生共鸣。

如果你在日常生活中的某一刻被某个东西触动了,也可以抒发一下自己的情感,并把它发到朋友圈。当然,这种抒发不是无病呻吟,而是让人看了也会觉得很舒服,很受打动。

5. 自黑恶搞

自黑恶搞对于活跃朋友圈屡试不爽。笔者大学毕业时发了2张证书的图,配文为"4年长跑,今天终于拿证了",之后收到了很多点赞和评论。一条简单的朋友圈,你能感受到背后的寓意是什么吗?

很多人没有点开图片认真看,只看到文案"4年长跑,今天终于拿证了",

就以为笔者拿的是结婚证,赶紧点赞;还有人在评论区下面留言祝福"新婚快乐",令人哭笑不得。所以,有时自黑恶搞也是一种很巧妙的技巧,移花接木、张冠李戴地自黑、自嘲其实也能引来很多人的点赞和评论,因为你在自黑的同时给别人带来了快乐,会得到大家热情的反馈。

除了自黑恶搞外,发搞笑但不落俗套的段子也是同样的道理,也能给人带来愉悦和欢乐。

4.6 6种朋友圈发文的攻略和技巧

文字的力量是非常强大的,在朋友圈进行营销推广,软文营销是必不可少的。本节主要介绍6种朋友圈发文的攻略和技巧,希望读者熟练掌握本节内容。

1. 消费者的痛点

软文必须要有痛点,如果找不到消费者的消费痛点,那么结果就只有一个,那就是隔靴搔痒,永远没有办法让消费者冲动起来。

在互联网中有一个营销术语——痛点营销,很多企业都对这个词情有独钟。痛点营销的定义如图4-6所示。

什么是痛点营销?

痛点营销是指消费者在体验产品或服务过程中,因原本的期望没有得到满足而造成心理落差或不满,这种不满最终在消费者心智模式中形成负面情绪爆发,让消费者感觉到痛,这就是痛点营销。它的实现是消费者对产品或服务的期望和现实的产品或服务对比产生的落差而体现出来的一种心理上的"痛"。

图 4-6 痛点营销的定义

痛点营销的核心在于对比,所以给目标消费者制造出一种"鱼与熊掌"不可兼得的感觉,就是痛点营销的关键所在。企业痛点营销的操作方式主要有两种。

(1)企业内部构建了痒点和兴奋点,从而刺激消费者的购买欲望,最终达成企业营销目的。

（2）企业外部通过对比竞争对手的产品，形成两种情况：一种是在竞争对手方消费后感到后悔和不满；另一种是在购买企业产品之后产生兴奋感和愉悦感，最终达成企业营销目的。

2. 寻找消费者的痛点

很多企业都面临着一个问题，就是如何寻找痛点，其实痛点并没有企业想象中那么难找。

企业寻找痛点时，必须要注意两点：知己知彼，了解自家和竞争对手的产品或服务；充分解读消费者的消费心理，懂得消费者所想。

挖掘痛点不可能一蹴而就，这是一个长期的过程，需要不停地观察挖掘细节，痛点往往就在消费者最敏感的细节上。企业挖掘一到两个细节，感同身受地体会自己的需求与冲动点，从而挖掘消费者的痛点。例如，市面上有一款以女生例假为核心的APP"大姨吗"，研发人员在研发最初就做到了亲身感受痛点，如图4-7所示。

垫着护垫模拟女性生理期

"感同身受"俘虏2 000万颗芳心

2012年1月，"大姨吗"一上线，用户从0到20万、200万、2 000万，异常火爆。女性用户们亲切地叫柴可为"大姨爹"，而柴可也乐于接受这个称呼。

事实上，市场上并不缺少同类手机应用，作为一个永远都不可能体会到"大姨妈"的男人，柴可研制的产品为何征服了2 000万女性的芳心？"我从不将'大姨吗'定位为一家基于移动互联网创业的公司，我更愿意将它做成一家健康顾问或服务类公司。"柴可说，"'大姨吗'是凭借内容取胜的。"

柴可坦言，做"大姨吗"最大的问题就是自己是男人，"但男人有劣势也有优势，劣势就是无法感同身受，优势就是能客观地看待'大姨妈'这个事情。"

柴可和他的队友一起，每天上班的8个小时都在研究月经，他们查阅了世界上所有的妇科学、统计学，囊括黄种人、白人、黑人妇女经期的记录。"连上班挤公交时也要着手机上下载的资料，经常有女乘客斜眼看我，认为我'有病'。"柴可回忆起当初的情景时，忍不住笑了。

除了学习医学方面的知识外，柴可和他的队友每个月也要有那么几天，和女性一样，垫着420型号的护垫。"420是市面上最大最厚的卫生巾型号，我们就是想感同身受女性那几天的痛苦，这样才能研制出好的产品来。"柴可说。

在柴可的团队里，经期研究人员占了绝大多数，其次是医学编辑，最后是市场推广人员。"做产品不能急躁，从上线到2013年一年时间里，我们花在市场营销上的费用只有27万元，而花在内容研发制作上却足足有400多万元。"柴可说。

图4-7　企业亲身感受痛点

由此可以证明，为了一个好创意，体会痛点是非常重要的。企业需要认真仔细地研究马斯洛需求层次理论，只有这样才能使自己完全体会痛点，如图4-8所示。

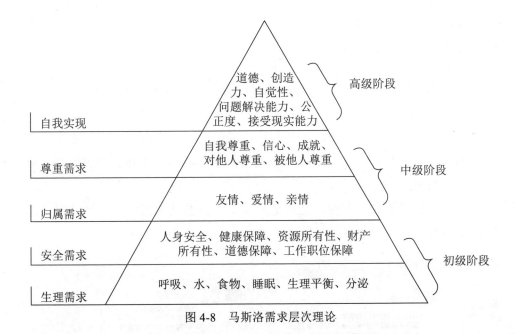

图 4-8 马斯洛需求层次理论

3. 朋友圈发文,把重要信息放在最前面

在微信朋友圈营销的文章当中,除了要有一个新颖、吸引人的主题以外,还需要有一个让人感兴趣的开头。其实写营销类的文章类似于写新闻,应该采取"开门见山"的方法将重点内容归纳在第一句里。

一来防止有些读者在读到重点之前失去耐心。"重点前置"至少可以保证他们顺利了解整篇文章的中心思想,而无论他们有没有将文章读完。二来列举出全文的重点也可以引起读者的兴趣。其实不仅仅是整篇文章,每一段最好都能采取这种办法,将段落重点提炼出来放在第一句,方便读者理解和阅读。

微商们平时在写作时,应该有意识地先用一句话总结接下来要写的段落,再根据这句话进行延伸,完善文章。这里要注意,并不是每一次写文案都需要这样刻意地去提炼,只是练习做多了之后,就会慢慢养成这种习惯,拥有比较顺畅的逻辑思维能力。

其实写文案并不是在进行文学创作,不需要那么一板一眼地死抠句子和词汇,只要简洁、流畅、一目了然就完全没有问题。

4. 九宫格的图片数量最符合审美

在朋友圈文案的编写中，除了需要注意图文并茂以外，张贴图片同样也有一些技巧。例如，贴多少张图片合适？一般来说，配图最好是 1 张、3 张、6 张、9 张这几个数字。

当然，如果可以，9 张图片在营销过程中是最讨喜的。因为 9 张图片在朋友圈中会显得比较规整一些，版式也更好看一些；关键是说服力更强，可参考的依据更多。

如图 4-9 所示的朋友圈，图片都贴成了九宫图的样式，很好地体现了图文的丰富性，提高了文章的可读性。

图 4-9　朋友圈发文九宫图样式

5. 转载公众号文章，精准营销月入 3 万元

平时在刷朋友圈时，除了个人编辑的内容以外，商家们还能看见许多被分享至朋友圈的链接。一般来说，由公众号分享的内容是最多的。

有的人靠微信朋友圈发家致富，有的人则依靠微信公众号销售产品。微商、网红、自明星可以将公众号的文章转载至朋友圈，扩大产品营销力度。

例如，一位名为"哈爸"的中年男子余春林就是依靠微信公众号以及腾讯媒体开放平台取得了日销3万元的成绩。余春林是一个自明星,他运营着"哈爸"微信公众号,图4-10所示为"哈爸"微信公众号及故事列表。

图4-10　"哈爸"微信公众号及故事列表

要想销售产品,第一步就是引流,余春林在"哈爸"微信公众号上通过发布绘本、育儿的软文信息内容吸引了一大批粉丝和读者。有了粉丝后,余春林就开始销售自己的产品。他通过微店开店的方式在朋友圈里进行了精准营销,同时通过一系列的促销打折活动,轻轻松松就创造了日入3万元的销售奇迹。

余春林能够成功的原因在于他抓住了家长们的心理需求,他通过一系列的绘本分享和育儿教育的相关内容,采用图文并茂的形式将软文推送出去,成功地走进了家长们的心,在亲子教育这一领域引起了共鸣,这就是典型的情感软文营销方式。

6. 转载新媒体平台内容,提升产品热度

H5页面是现在十分常用的数字产品。通过H5页面,用户可以打开新媒体应用平台而不用下载任何APP或是跳转进入浏览器。

H5页面基于云端,无须下载,它能够融合文字、图片、音频、视频、动画、

数据分析等多媒体元素在一个界面当中，甚至还能在后台实时获取阅读和传播情况，给决策者提供大数据。

一般来说，H5的常见功能包括投票、接力、抽奖、展示、报名、地图等。

例如，由于现在市面上的广告类型越来越多，各种形式早已不新鲜，因此很多商家都在另辟蹊径，寻找一些更加有意思、能让更多人注意的广告形式。而就近几年来说，越来越多的人迷上了游戏，特别是手游。

慢慢地，游戏开始被各个年龄阶层的人所接受，不再仅仅是年轻人的消遣活动。有些企业直接寻求广告商的帮助，要求对方制作一个专属自己企业的小游戏，这类游戏中所有的设备、道具等都有品牌的痕迹。当然，这种游戏就属于H5页面的小游戏。

图4-11所示是广告商专门为奥贝婴幼玩具设计的小游戏。这款游戏简单又有趣，砸蛋随机出现奖品，一般都是店铺的代金券，领完后可以直接从游戏界面跳转进入店铺。

图4-11 奥贝婴幼玩具游戏界面

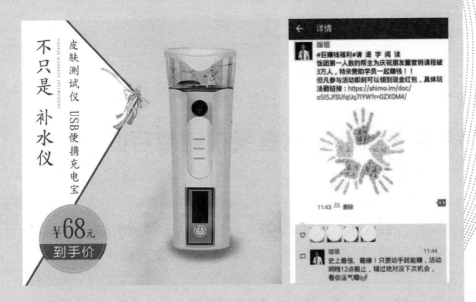

/第/ 5 /章/

文案：你也能成为朋友圈的好文案写手

[学前提示]

在朋友圈的营销过程中，如何将商品描述得准确得体又能引人注目，是一个自始至终贯穿销售过程的重大问题，它决定着营销的整体水平。

通过本章对朋友圈文案的剖析，你也能成为朋友圈的好文案写手，达到业绩步步高升的效果。

[要点展示]

- 文案写手，就是坐在键盘后面的销售人员
- 3个在写好文案前要知道的底层逻辑
- 每月多赚3 000元的朋友圈文案模板
- 10个写好文案的万能技巧
- 两大决定点击率的实用标题写法
- 公众号文章展现的最佳格式
- 增加人情味，让文案成为关注的焦点
- 利用文字突出价格，醒目夺眼球

5.1 文案写手，就是坐在键盘后面的销售人员

文案写手到底是什么？**文案写手就是坐在键盘后面的销售人员**。而朋友圈文案写手就是靠手机吃饭的销售人员，他们可以靠一部手机随时随地赚钱。

要靠朋友圈赚钱，文案一定要写得很好吗？朋友圈文案写得好，自然是加分项，但是也有一些人其实朋友圈文采不算太好，但是依然能够靠朋友圈轻松卖货。他们到底做对了什么？

在笔者看来，我们靠任何方式赚钱其实都是有底层逻辑的，笔者喜欢刨根究底去研究那些底层逻辑，把问题的本质弄清楚之后，再去追求那些形而上的方法和技巧。例如，写文案的方法可能有千千万万种，而文案写作的背后到底为什么会有人购买，我想很多人可能未必清楚。

所以，本章内容会贯穿从销售文案的底层逻辑到朋友圈文案的写作技巧。一篇文案，最重要的是文案内容，而不是文采。常见的文案内容有**成绩、价值、超值、背书、情感、口碑、效果、权威**。

写一篇文案之前要先选好文案内容，清楚自己的目的是什么。选好内容之后，再去布局文案的逻辑及行文方式。

笔者用得最多的文案内容是普通人逆袭，即"起点低、过程苦、效果好"。文案的通用套路框架是 AIDA，即 Attention（注意）、Interest（兴趣）、Desire（欲望）、Action（行动）。其实不难理解，先利用文案的第一句话引起用户的注意，然后让用户对我们说的事产生兴趣，再让用户相信我们说的内容并产生购买欲望，最后引导用户行动进行消费。

当然，转化只是好文案的冰山一角，更重要的是沉于水底、更有价值的东西，即好的文案能让更多用户对我们长期营造的个人品牌产生信任感而埋单。

首先，如果你在朋友圈给自己打造的人设与你日常生活中的行为是一致的，那么就会吸引到一些认可你的人。

其次，如果你能做出一些成绩，就能彻底打响个人品牌。再者，如果你写出了一篇自己的品牌故事，并且不断地进行传播，扩大自己的影响力，让更多的人知道你、了解你，那么你的口碑就会打响了。

最后，我们要养成品牌传播的习惯。也就是说，当我们在某领域取得了优异的成绩或做出某些突出的事时，及时发朋友圈进行传播，就能让大家深刻地记住你，为自己建立个人风格色彩。

反观那些漫无目的、长篇大论、不痛不痒、毫无压力的文案，都不是好文案。

3个在写好文案前要知道的底层逻辑

在写出好文案之前，我们首先要了解写文案的目的，即好文案的底层逻辑。

1. 第一个底层逻辑：用户为什么要买

第一个底层逻辑，即用户为什么要买，主要有3个原因。

（1）因为需要。当人们真正需要时，就会为了消除他们当前的阻碍而发生购买行为。购买只是过程，不是结果，结果是购买后的产品能够解决他们的问题。因为需要而产生的购买行为往往都是理性的。

（2）因为影响。人是群居动物，很受到周围人的影响。抖音上曾经有过一个非常搞笑的段子：

一个人站在马路边望着天空准备打喷嚏，路过的一个人看到他的动作，以为天上有什么东西要掉下来，然后也跟着做出了一样的观望行为。当第二个人、第三个人经过时，他们也想去看看前面两个人在看什么，接着做出了同样的行为。当第五个人经过时，他正想去看个究竟，结果第一个在观望天空的人打了一个喷嚏。其实他根本就不知道天上有什么东西要掉下来，他只是想看着太阳，因为那样比较容易打喷嚏。

这个段子告诉我们，人总是存在从众心理，有时会出于好奇心或不安感而做出一些非理性的购买行为。如同我们在朋友圈看到大家都在刷屏的海报一样，看到第一张你可能不以为然，当看到接二连三的有人发，你可能也会忍不住要一看究竟，最后也买来看看。这就是**被影响**。

(3) **因为相信**。初步的信任有时是被文案所打动，而长期的信任则是真正体验过后带来的真实改变的过程。

以一个人买米为例，买米做饭是刚性需求，它体现的是用户有购买需求。接着他又会面临在哪里购买的选择，这时他的决策可能会被周边的环境所影响，如街坊邻居都说老陈家的米好吃，于是他就试着买了。它决定的是**初次购买问题**。买了之后，发现老陈家的米煮的饭确实要比其他地方买的更好吃，于是以后就只选老陈家的米，这是体验后的相信。它决定的是**复购问题**。

换位思考，如果我们是卖方，我们到底卖什么呢？绝大部分人想到的是，我有什么就卖什么，我代理什么产品就卖什么产品。

如果你真这样想，那么你可能会遇到两种情况：第一种情况是你会遇到卖货瓶颈；第二种情况是你本来可以卖得更多，但是因为对自己要卖的产品不够了解，导致销量上不去，这也是大部分没有个人IP的微商所面临的问题。

记住：**卖产品、卖解决方案只是我们卖货的冰山一角，它最多只占我们卖点的30%，而卖未来的憧憬和个人品牌则占卖点的70%。**

怎么理解这句话？下面介绍一个卖减肥产品的案例，读者就会明白了。

你卖减肥产品，他也卖减肥产品，那么用户到底会选谁？你拼命地通过朋友圈和私信向用户介绍你的产品功能有多么好，与竞品相比又是多么的物超所值。这种角度本身是没错的，但是你忘了用户为什么要买减肥产品。他们买减肥产品的目的不是买产品本身，而是为了在购买减肥产品之后自己能够变瘦、变美。因此，你更多的是要和用户销售对未来的憧憬，激发用户对未来美好的身材想象空间。例如，瘦下来以后再也不会像现在这样节食，可以很自信地穿漂亮衣服，美美地去购物，衣服随便挑、随便搭配都好看等。

减肥产品这么多，大家为什么要选择相信你呢？这时，要比拼的是个人品牌，你需要加倍卖专业、卖人设、卖信誉。因为只有当你真正开始卖个人品牌时，你才是一个专家。

你要比其他销售人员都有说服力，如果你是一个健身教练，可以通过辅导学员减肥，然后推荐减肥产品，通过辅助进行营销；如果你是一个销售人员，那么向用户卖减肥产品只能称为推销。

所以，你不仅要成为一个精英销售，更要学会成为一个专家，成为一个有品牌效应的专家,让用户直接找你,认定你,只选择你而不选择他人。用户会购买产品是因为需要,决定向谁购买是受人影响,只向一个人重复购买就是相信。

2. 第三个底层逻辑:给用户创造购买的理由

当你了解了用户为什么会买,以及你卖的是什么时,接下来要解决的就是如何激发用户的购买欲望,给用户创造购买的理由。

那么应该怎样创造这样的购买理由呢?笔者推荐以下3个方法。

(1) **放大用户的痛点**:你现在已经这样了,如果再不改变会怎样?

(2) **唤醒用户的情绪**:你目前的现状让人担忧,崩溃会怎样?

(3) **激发用户的想象**:让用户自己去憧憬未来,未来,你也可以变成像×××一样,未来的你是多么美好。

接下来再举一个减肥案例,该案例是笔者亲自操盘策划的一节课,目前销售额超过35万元,销售转化率达到了25%,即每4个人看过,就会有一个人购买。那么笔者是怎样为这节课的文案进行包装的呢?

一开始我们罗列了女人美丽的首个天敌——肥胖,通过对比的技巧放大用户的痛苦。例如,本来我们想要的是维密大长腿、完美S形身材、性感的蝴蝶背,但事实上很多人都有小肚子、麒麟臂、双下巴、大象腿。通过这样的对比,唤醒人们对现状的崩溃和不满,激发人们想要去拥有好身材的欲望。

接着,我们又对主讲人进行了包装,他从之前的160斤变成现在的108斤,就是因为使用了我们的减肥方法。你也可以像他一样减下来,拥有完美的身材。

通过以上3个逻辑,我们可以得出一个规律,即要玩好朋友圈,必须具备如下4个思维。

(1) **品牌营销思维**。不仅做一个出色的销售,更要成为一个出色的专家。

(2) **社交思维**。不仅是做买卖,更多的是交朋友。

(3) **情感思维**。更进一步的社交,这已经是基于情感链接,和谁熟就向谁买卖。

(4) **人格化思维**。让自己成为用户喜欢的人。

5.3 每月多赚3 000元的朋友圈文案模板

商业模式、定位和内容IP打造都是基础,而写好优秀的文案会让业绩更上一层楼。那么,文案到底怎么写?笔者总结了以下4个步骤。

(1)**梳理文案写作目标**。写文案的核心目的到底是什么?写文案需要达到什么样的效果?写文案到底是在卖什么?

(2)**思考产品的核心卖点**。可以从产品本身的卖点出发,如产品本身的功能和功效;接着梳理这个产品未来可以让人发生的改变;最后还要提到卖产品者的个人品牌。

(3)**调用常用的文案写作技巧来布局文案结构**。常见的文案写作技巧包括诚意推荐、权威背书、事实证明、对比反差、口碑经验、价值锚点、稀缺价值、从众心理等。

(4)**动笔开始写作**。动笔写作需要设计朋友圈文案结构、语言组织和文案物料,包括推广海报和链接,组织文案结构。

常见的文案结构有3种。第1种是前文介绍过的AIDA,也称爱达文案销售模型。该种文案结构一共分为4个部分,分别是吸引用户注意,激发用户兴趣,让用户产生渴望,最后产生购买行为。

第2种文案结构是ADBP,即吸引用户注意,激发用户欲望,让用户相信,最后产生购买行为。

第3种常见的文案结构是FAB,F指产品的属性和功效,即它是什么;A指产品的优势,即它可以做什么;B指益处,即它可以给你带来什么好处。

我们尝试套用AIDA结构后会发现,这种文案非常通俗易懂。例如,前段时间,笔者在朋友圈发的一个测试面相的推广玩法。

笔者写的第一句话是"大家都在玩",利用从众心理,加上配图来吸引大家的注意力。第二句写的是"这个小程序准得可怕",目的是激发用户的兴趣。那么激发欲望的话是怎么写的呢?"扫码挑战你是否能够超越我",以比赛的形式来激发用户欲望,毕竟谁都不服输。最后一句话促使行动,"你也扫码玩一下"。

以上是完完全全套用公式的文案写法。那么在准备物料上,应该怎么做比较好呢?根据笔者过去的数据测试,从**可视化和打开率**来说,扫码的打开率相对于直接发链接要低。

因为扫码需要点开，长按才能看到，而链接只要点一下就可以了。但链接的缺点是可视化比较差，如果既要保证可视化，又要追求打开率，则可以借鉴图 5-1 中的方式，在发海报的同时也在文案是加上跳转链接（可以加在正文，也可以加在评论区）。

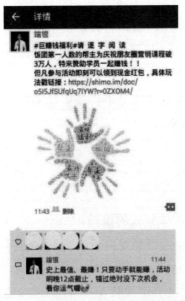

图 5-1 在朋友圈内容中添加跳转链接

那么，具体的文案到底要怎么写？每句写什么内容呢？这考验的就是我们的文案语言组织能力了。有可能会让你失败的文案表达方式包括语句过于夸大、夸张，用很多表情包、表述啰唆、文字过多等，这些都是不推荐使用的。

朋友圈文案写作要求精简，且让每个词、每个句子都发挥出作用。因此，我们追求的是精准表达。真正写起文案来，首先要做到忘记一件事：卖货赚钱。记住自己是在诚意推荐。

第 1 种朋友圈中常见的文案就是推荐型文案。例如，你帮助好朋友去推广转发某一种产品，怎么推荐大家才更愿意接受呢？推荐型文案的一般结构如下。

（1）我是真诚推荐朋友。

（2）我是亲历者、体验者和过来人。

（3）体验过后，发现真的很有效果。

（4）推荐大家来参与。

可以复制类似模板，如诚意推荐我的好朋友××，买了他的产品，我变得怎么样，感兴趣的可以购买。

笔者的朋友卢老师通过朋友圈这样卖笔者的课，一天就收入了1000多元。他的文案是这样写的："从春节跟端银老师学朋友圈变现，到现在通过朋友圈每月增加5位数的副业收入，非常感谢。这次他又结合当前很多微信卖货的实际情况推出了最新的专栏课，直接解决朋友圈卖货和社群卖货！"

这个模板是直接见效的，读者可以结合自己的行业岗位及真实情况进行模仿，把对应词切换填上去即可。

第2种朋友圈中常见的文案是事实证明型文案，其一般结构如下。

（1）真实发生的案例。

（2）效果特别好。

（3）值得被你拥有。

（4）快去购买吧。

这种模板非常适合做体验式的推荐，如上一次我们才开展了××活动，活动效果怎么好，有多少人已经发生了改变，它值得被你拥有。

第3种朋友圈中常见的文案是算账型文案。算账型文案很适合在朋友圈成交低客单价产品，就是为了突出划算的点。例如："×××产品真的很划算，提供×××价值，原价××，现价只要××。"

第4种朋友圈中常见的文案是从众型文案。朋友圈的条件天然地适合使用该技巧来设计文案。例如："太疯狂了，已经有××人加入（疯抢热卖），记得以前×××，现在已经×××（展示效果），搞定你的×××，谁购买谁受益（呈现利益）。"

最后一种朋友圈中常见的文案是讲故事。朋友圈文案不是说要写得很短吗？怎么写故事呢？其实故事也可以用一两句话就讲完。例如，坤龙老师写的如下案例，笔者认为非常经典。文案开头写的是："当下的新媒体赚钱的机遇，要么做公众号，要么做抖音。"接着他开始讲故事：他的助理Toto卖货1400万元，授课教一个"95后"的朋友，利用Toto教给他的技巧立马玩起了抖音，成功引流到个人号实现了价值变现。最后说一句："连'95后'都可以通过新媒体实现价值变现，请问你还犹豫吗？"

这个文案加起来只有200字左右，但是他的文案表达了很多层次的内容。

首先，隐含了他的专业高度和权威性及课程效果：有一个能卖货 1 400 万元的助理，助理教会了一个"95 后"成功用新媒体变现价值；然后成功引起了用户群体的注意和欲望，连"95 后"的人都可以学会通过新媒体卖货，你一定也可以。

如果能把以上 5 种文案用好，那么就完全可以靠朋友圈赚钱。

综上所述，写好文案的诀窍就是制造朋友圈卖货的紧迫感。那到底怎么训练来提升文案水平呢？主要掌握以下 5 个要点。

（1）看到一个刷屏文案就拆解。

（2）分析对方的文案技巧和语言。

（3）将对方的文案复制到素材库。

（4）换位思考，你会怎么优化改写。

（5）改写完成后对比差距到底在哪里。

朋友圈写文案要有写作功底，你要用文字表达得足够多。笔者目前已经通过写作完成了接近 100 万字，训练和积累多了之后，表达才能顺畅。

5.4　10 个写好文案的万能技巧

笔者总结了 10 个写好文案的技巧，无论文案怎么变，只要好好参照并灵活使用以下 10 个技巧，就能写出高质量的文案。

1. 吸引注意

关于这一点，要掌握 3 个要点：**以利益开头、以情感开头、以娱乐八卦开头**。在文案开头写一些大家都感兴趣的内容，吸引用户往下读的欲望。

具体操作方法：故意拉长句子、故意重复用词、故意打错别字、故意说出反话、故意隔开文字、图文配合发布。

2. 引发好奇

首先激发好奇心，在文案中提供超大福利吸引用户；再用最小的代价获取福利，如图 5-2 所示。

图 5-2　引发好奇的文案示例

3. 痛点切入

关于这一点，记住 3 个步骤，即**代入具体场景、挖掘用户痛点、提供解决方案**，如图 5-3 所示。

图 5-3　痛点切入的文案示例

4. 场景代入

首先设置一个具体的场景，然后设计悬念引入用户，最后给出参与入口，如图 5-4 所示。

第5章 文案：你也能成为朋友圈的好文案写手

图 5-4　场景代入的文案示例

5. 呈现事实

秀出真实案例，勾勒真实画面，列出真实数据，故意强调排名，如图 5-5 所示。

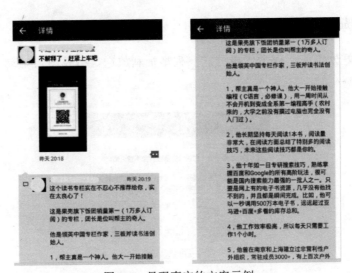

图 5-5　呈现事实的文案示例

6. 真情实感

这一点不难理解，情感真实不做作，感动自己才能感动别人，击中用户的同理心，如图 5-6 所示。

图 5-6　真情实感的文案示例

7. 借用权威

利用明星代言和大咖证言，这样能很大程度地增强用户对产品的信赖度。

8. 呈现利益

列举好处价值，列举优惠放送，列举福利放送，引发财富骚动，如图 5-7 所示。

图 5-7　呈现利益的文案示例

9. 制造稀缺

我们常能在超市看到打折促销、限时促销等广告,这个技巧大家都不陌生。关于这一点,具体操作方法也有3个:**限量抢购、限时抢购、饥饿营销**。

10. 口碑积累

口碑是非常重要的,好产品自己会说话,用户对我们有了信任,其他的事就不会太难。其具体操作方法很简单,在朋友圈列举用户口碑对比即可。

总结本节内容,10个文案写作技巧分别为**吸引注意、引发好奇、痛点切入、场景代入、呈现事实、真情实感、借用权威、呈现利益、制造稀缺、口碑积累**。

两大决定点击率的实用标题写法

很多人由于工作学习都比较繁忙,能够拿出来休闲的时间不太多,因此他们在浏览朋友圈时不会仔细去看发在朋友圈里的文字动态,甚至很快就会跳过一些不太感兴趣的内容,商户们在做朋友圈营销时一定要注意这个问题。写东西时如果不顾及用户的感受,只会使自己写的东西白白浪费,无论花了多少心血,别人可能一句"无聊"就能将其全部销毁。

所以,想要引起好友的注意,吸引他们的眼球,首先商户们可以选择在标题上下一些功夫,使之变得能够激起微信好友们的好奇心,提高点击率。接下来,本节将介绍两种实用的标题写法,如下。

(1)夺眼式标题:不走寻常路。
(2)励志式标题:衬托重要性。

1. 夺眼式标题

夺眼式标题是笔者比较推荐的一种。夺眼式标题的目的就是利用一些语言上的漏洞或双关模式吸引人的目光,以增加点击量,给人造成一种不可思议的感觉。有着这种标题的内容往往写作思路就不走寻常路,使人觉得与平时的事务或者道理背道而驰。

例如,一个朋友圈护肤品广告含有"月薪3 000"字样的标题,就会让人觉得眼前一亮，如图5-8所示。这种标题在写法上一般采用多种技巧进行综合，这些技巧运用的最终目的就是吸睛。

图5-8 夺眼式标题

夺眼式标题与普通式标题很容易就能对比出效果。例如，普通式标题为《软文写作的一些指导意见》，夺眼式标题为《他靠一篇软文赚了800万！》，哪一个更引人注意呢？一般来说，能与经济挂钩的话题大部分都能轻而易举地吸引到读者的注意力，进而促使读者深入了解。

夺眼式标题一定要放大读者内心的渴望点，若读者需要减肥，那就要体现出快速减肥、高效减肥；若想育儿，那就要体现出育儿技巧、轻松不费力等。通过使读者自身需求与企业软文标题主题高度契合，可以达到吸引读者注意力的作用。

最后，笔者将夺眼式标题的写作技巧总结为8个要点，即引好奇、亮经典、玩吓唬、扩想象、给承诺、解忧虑、植热点、生概念。

2. 励志式标题

励志式标题就是现身说法，用自己或是公司企业奋斗的原型来讲述故事，以此来衬托努力的重要性，起到鼓舞读者的作用。

在现在这个追求高品质生活的社会，很多人都想努力提高自己的生活水平，可却不知道要如何致富。这时可以给他们看一些励志文章，不仅能起到鼓舞士气的作用，还能让他们从中学到那些成功人士的致富经验。

从标题开始，让读者对他们的故事感到好奇，好奇则是大量阅读量的来源。商户们应该将这种标题取得尽量吸引人眼球，看起来有一种"速成法"的感觉。

励志式标题模板有两种。第一种模板为"＿＿＿是如何使我＿＿的"。示例：

一个"傻瓜绝技"是如何使我成为成功的微商的

一个简单的点子是如何使我成为微商的

另一种模板为"我是如何＿＿＿＿＿的"，这种模板的侧重点在于"最终受益的大小决定了这个问题能不能成功"。示例：

在销售中我是如何从失败中奋起，进而走向成功的

我是如何将朋友圈变成我的个人财富平台的

当然，模板总归是模板，一旦使用的人多了，就会使读者没有太大兴趣仔细阅读。所以，商户们还是应该尽量发挥想象力，创造属于自己的吸引人的标题。

5.6 公众号文章展现的最佳格式

作为销售人士，除了直接发朋友圈广告以外，有时内容比较冗长且复杂，我们可能会选择用个人或企业微信公众号编辑之后，转发至朋友圈。如同普通文章需要有一定格式一般，在公众号里所发的文章也同样需要一定的格式才能提高阅读量，最佳的格式是"**标题＋正文＋微信公众号**"。

标题不仅需要放在公众号中作为文章的标题，同样还必须出现在转发所携带的文字中。

正如大家所知，一篇文章的标题一般都是从这篇文章的中心思想中提炼出来的精华，它是正文的主旨与灵魂。同时，作为微信好友第一眼就能看见的广告，它还必须有趣且吸引人，只有这样才能给繁忙的都市人一个理由去点开并且阅读它。所以，标题可以说是一个关于营销的最佳展现区域。

紧接着是正文部分。正文一定要有趣，能够让读者产生接着往下读的欲望。

其次是格式。东西太乱、内容太杂会让读者觉得没有重点，进而不能仔细理解笔者所想表达的意思，所以应该尽量分清主次。

最后一点很重要,那就是在文章的最后一定要带上微信公众号的二维码。因为不管是个人公众号还是企业公众号,都是为了某些需要推销的商品服务的,积累粉丝是基础,也是最重要的营销策略。

如果文章水平相对来说比较高,可能会吸引一些人将这篇文章到处转载。当所有阅读过这篇文章的人拉到底部时,就可以看见添加微信公众号的提示,方便别人关注。

5.7 增加人情味,让文案成为关注的焦点

不能否认的是,在朋友圈里一直发广告的人确实是不讨人喜欢的。当商户们执意要将广告植入他人私生活时,就应该考虑到有可能不会被人接受这一点。

聪明的商户在日常营销中也会尽量融入一些更加充满人情味的内容,这样的商户不仅不会引人反感,甚至会让人喜欢上他的文风,期待每天看到他发的朋友圈。

所以,发多一些有人情味的内容,会使你在朋友圈好友中脱颖而出,成为朋友圈子中的红人。

如何让自己的朋友圈看起来更加具有人情味呢?主要有以下3个方法。

(1)多发一些与生活息息相关的内容。

(2)发布新商品时开展赠送活动。

(3)将微信好友当作亲人对待。

第一点,多发一些与生活息息相关的内容。要想朋友圈中处处充斥着人情味,晒生活是最好的加持。另外,分享生活中的点点滴滴也是最容易让别人与你产生互动的方法。

例如,你去某个地方旅行,拍几张当地美丽的风景图,自然会有人好奇来问你这是哪个地方?值得一去吗?有什么旅游经验值得分享吗?

又或是你今天做了一道菜,把照片拍好看修好后发在朋友圈里,也会有人来问,这道菜难做吗?需要哪些基本材料?做菜的步骤大概是怎样的?等等。

这种关于生活的对话,一来二去就可以和朋友圈中的一些好友保持一个

友好的关系，同样也多了一些聊天话题。

虽然可能只是一丁点生活的"水珠"，但也可以在他人心中荡起涟漪，让微信好友感受到你的生活状态，引起他人的共鸣。这就是人情味，它源于生活又高于生活。

第二点，发布新商品时开展赠送活动。这一行为不仅可以起到宣传新商品的作用，激起微信好友的热情、聚集人情，还能显现出商家的人情味。

当然，赠送东西也是有限额的，一般可以采取"点赞"的方式，取前10或者20名，这样相对来说比较公正透明。

第三点，将微信好友当作亲人对待。很多时候，能够发出有人情味朋友圈的前提，就是将微信好友当作亲人或者挚友，所发布的朋友圈也尽量能够对对方有一定的帮助作用。

从营销角度来说，增加朋友圈的人情味可能不能对销售起到直接推动作用，但成功的营销不可能一蹴而就，任何细节上的铺垫都不应该被忽视。其实，如果能够和微信里70%的好友建立一个相对来说友好而互相尊重的关系，离成功的营销就不远了。

5.8 利用文字突出价格，醒目夺眼球

在营销中，商户们必须弄清楚一个问题，那就是在商品销售过程中，什么因素是影响商品销售的基本因素呢？其实就是价格。

价格是一般消费者在购买物品时最常考虑的因素，商家可以利用这一心理，在商品价格比较优惠或正在进行打折促销活动时突出价格，进而吸引用户进行购买。一般突出价格有以下3种情况。

（1）商品本身价格实惠。
（2）有相对来说力度较大的优惠折扣。
（3）与同类型的产品相比价格占优势。

下面具体分析以上3种情况的具体体现。

1. 商品本身价格实惠

一些商品在出厂之前，生产厂家在讨论商品定位时，就将它们的亮点放

在了价格上,即这些商品往往会打着"物美价廉"的标语进行宣传。

那么用户在为这些商品打广告时,必须也要将重点放在价格上,向用户介绍商品强大的性价比。

当然,宣传时可以选择编辑文本,为"价格"二字添加双引号或是在最后加上感叹号。由于微信文本本身的死板性,因此选择用图片突出效果可能会更加合适。因为我们可以在图片中任意改变字体和文字的大小、颜色,使之被凸显出来。

如图 5-9 所示,就是一个产品——纳米喷雾补水仪的广告。它定价划算,商家能够利用商品价格吸引购物者的眼球。

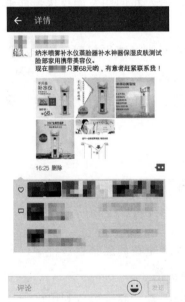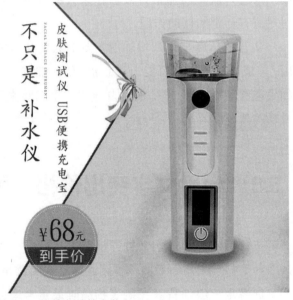

图 5-9　某种产品的定价

2. 有相对来说力度较大的优惠折扣

用户对商品价格的关注会使得短期折扣变成十分抢手的活动。一般来说,折扣活动开展的时间都和节日有一定的关系;其他商品则会针对特别的节日开展大规模的折扣活动,如女性护肤品可能会在"三八妇女节"当天展开活动。

折扣活动不要进行得太过频繁,否则会让用户产生"这个东西卖不出去,质量不好"的感受。但是一旦碰上活动,折扣力度最好能够大一些。必须要注意的是,一定要记得将前后价格进行对比,这样才能让用户意识到折扣力度。

3. 与同类型的产品相比价格占优势

在营销过程中，对于消费者来说，价格的高低在是否选择购买产品时能起到很重要的作用。所以，商家可以抓住这一点，打一场价格战，抓住价格的优势，吸引消费者的眼球。通过对比了解价格的优惠力度之后，甚至有人可能并不需要这个东西，但是也会不管三七二十一，买下再说。

第 6 章

配图：提升你的审美和搜商才是上策

> **学前提示**
>
> 朋友圈的营销推广离不开精美的图片，要用图片来吸引用户的眼球。学会找到美图、制作趣味图片的方法，并对图片进行精修是每个微商、网红的必学技能。
>
> 本章将介绍搜索美图的网站及方法、制图教程及各种 APP 进行图片美化的方法，希望读者熟练掌握本章内容。

> **要点展示**
>
> - 搜索高大上的朋友圈配图的途径
> - 3 种帮助你搜到好图的方法
> - 1 分钟快速做出社群全家福图
> - 受人喜爱的视觉化文字云图片
> - 设计简洁好看的创意二维码
> - 8 大手机拍照神器轻松制图

6.1 搜索高大上的朋友圈配图的途径

朋友圈就是一个人的第二张脸，朋友圈配图的好坏会直接体现个人审美和形象的好坏。

笔者经常会在朋友圈中看到不清晰、不美观，像素非常低的配图。这种配图质量差的图片一旦发表在朋友圈，会直接拉低自身在朋友圈中的形象，因此这是非常得不偿失的事情；相反，那些朋友圈配图优美的人，很容易受到用户的关注和喜爱，用户甚至会直接保存下来，为自己所用。朋友圈中常见的配图槽点如下所述。

（1）不高清。

（2）尺寸小。一般来说，发布朋友圈时，能配图竖版图片就不配图横版图片，因为竖版更能霸占手机屏幕，引起大家的关注。

（3）不美观。有些人会在朋友圈发各种不美观的图片，这很容易引起用户反感。

（4）不克制。有时"少就是多"，少数的图反而能让大家的注意力更集中，因此配图一张往往可视化效果最好。图多会挑战人的耐性，因此克制很重要。

那么，我们应该去哪里搜索看起来高大上的图片呢？

（1）pexels（https://www.pexels.com）。pexels 是一个英文图片平台，该网站中有很多大片级的欧美风格的文章配图，风格简约、高清，如图6-1所示。

图 6-1　pexels 图片页面

pexels中的图片不仅可以用来做朋友圈的图片配图，还可以用来做PPT及公众号文章的配图。这个网站可以满足我们很多配图需求，但是该网站的搜索需要使用英文，如果不会英文怎么办？可以先去英语翻译网站将中文翻译成英文，再将英文复制到这个网站中搜索即可。

（2）**摄图网**。摄图网的图片风格和pexels相似，提供的也是大片级别的图片，如图6-2所示。摄图网使用中文搜索，相对于pexels来说，使用更方便；但是非会员每天只能下载一张图片，且用于商用时要注意版权问题。

图6-2　摄图网图片页面

（3）**百度图片**。百度图片是目前中国最大的图片网站。虽然有时用百度搜索出来的图片质量不够好，但是百度搜索的使用率仍然是最高的。

如果要找人物图，那么百度图片是目前能找到人物图的最好网站。例如，要找某个明星的照片，那么在百度图片中搜索其姓名，就会出现很多关于这位明星的照片，如图6-3所示。

图6-3　百度图片页面

当选择一张图片后，还会出现不同的版本，如图 6-4 所示。所以，我们还需要筛选最大尺寸的图片进行下载，这样的图片才最高清。

图 6-4　不同版本的图片

（4）花瓣网。在花瓣网中不仅能找到一些有意思的图片，还能提升我们的审美。因为在花瓣网中有一个图片收集工具，该功能可以帮助我们收集所有平台上的图片，如图 6-5 所示，久而久之，就能够培养我们对美图的感觉。

图 6-5　花瓣网图片页面

（5）创客贴。创客贴是一个自设计的网站，我们可以自己套用模板，设计常用的图片。在创客贴中，通过简单的拖、拉、拽等操作就可以设计海报、PPT、名片等，如图 6-6 所示。

图 6-6 创客贴图片页面

该网站还有一个非常好的地方,即可以根据不同的使用场景,将图片按照类别分类,如手机海报模板、微信头图模板及朋友圈趣图等,如图6-7所示。我们可以根据模板修改文字,即使是"小白"也能很快上手,设计页面比PPT还要简单。

图 6-7 图片分类

利用好以上5个网站,你就可以搜索到任何想要的图。

6.2 3种帮助你搜到好图的方法

6.1节介绍了5种图片网站,但是在找朋友圈配图时,仅仅知道图片网站是不够的,还有一个根本问题,即大部分人的搜索技巧不高。在这种情况下,就需要我们一起去提升搜商。本节给大家推荐3种轻松搜到好图的方法。

1. 联想法

例如，当我们想搜索表达季节的词语时，可以在搜索框内输入"季节"二字，如图 6-8 所示。除了关键词"季节"，还可以联想到其他很多词。例如，通过季节，可以联想到"春、夏、秋、冬"，如图 6-9 所示。再具体一点，可以想象某个季节的具体场景。例如，秋天这个浪漫的季节，自然会联想到"落叶"，如图 6-10 所示。

图 6-8 通过关键词"季节"搜索的图片页面

图 6-9 通过关键词"秋天"搜索的图片页面

图 6-10 通过关键词"落叶"搜索的图片页面

所以，我们在找配图的过程中，不要仅仅局限于一个关键词，而应多联想与之相关的场景、近义词等，这样能很大程度上帮助我们更快找到想要的和适合的配图。

2. 组合词法

我们还可以对词语进行组合，如将"秋天"和"落叶"组合起来，即"秋天落叶"，这样搜索时又会出现不同的图片，如图6-11所示。

图6-11 通过关键词"秋天落叶"搜索的图片页面

3. 外文搜索法

我们习惯用中文的关键词搜索图片，但有的图片可能用中文搜不出来，所以利用英文进行搜索也是一种方法，会发现不一样的图片，如图6-12所示。

图6-12 通过关键词"autumn"搜索的图片页面

以上就是本节推荐给大家的3种搜索图片的方法,无论用哪个网站、用什么方法搜索图片,提高审美和搜商才是最重要的。图片不在于多,而在于精,做到多看、多练、多收集即可。

6.3 1分钟快速做出社群全家福图

朋友圈的配图来源,除了搜索图片以外,还可以自己设计。本节介绍社群全家福图的做法。这种图一般用于在社群链接其他人,如一个社群有两三百人,那么将社群中所有人的头像都收集起来,然后进行排列,做成一个环形的全家福,就称为社群全家福图。

做出这种图后,群内的用户都能在图中找到自己,然后会产生一种参与感和优越感,当然也就会比较愿意把这个图分享出去,从而吸引更多的用户。

除此之外,这种图还有一个作用,当你加入别人的社群时,在群主和其他人都不知情的情况下,把这张图做出来并发到群里,会获得一定的好感度,这样也能为你吸引一些粉丝。所以,学会制作这种图的方法,对社交来说用处很大。那么,这种图应该怎么做呢?

步骤01 打开火狐浏览器,安装插件Image Picker。打开火狐浏览器右上角的图标,单击"附加组件"按钮,如图6-13所示。

图6-13 单击"附加组件"按钮

步骤02 单击"寻找更多附加组件"按钮,如图6-14所示。

图 6-14　单击"寻找更多附加组件"按钮

步骤03　在搜索框中输入"Image Picker",单击"搜索"按钮,出现图 6-15 所示搜索结果。

图 6-15　搜索结果

步骤04　找到如下图标,单击"添加到 Firefox"按钮,如图 6-16 所示。

图 6-16　单击"添加到 Firefox"按钮

步骤05　出现图 6-17 所示提示,单击"添加"和"立即重启"按钮。

第6章 配图：提升你的审美和搜商才是上策

图 6-17 单击"添加"和"立即重启"按钮

步骤 06 重启火狐浏览器，如图 6-18 所示，状态栏出现一个绿色箭头，表示 Image Picker 插件安装成功。

图 6-18 Image Picker 插件安装成功

步骤 07 Image Picker 插件安装成功之后，使用火狐浏览器登录微信网页版，选择一个社群，即需要下载头像的群，单击绿色箭头，在弹出的下拉列表中选择"从左边标签页拾图"选项，如图 6-19 所示。

图 6-19 选择"从左边标签页拾图"选项

115

步骤08　打开图6-20所示窗口，选择群头像存放位置。

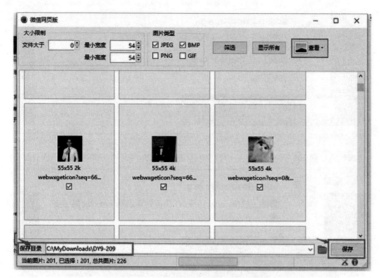

图6-20　选择群头像存放位置

步骤09　下载完成，会显示所有头像，系统将其按顺序编好编号，如图6-21所示。

图6-21　群头像下载完成

步骤10　将所有头像放在指定位置，如图6-22所示。

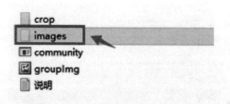

图6-22　将所有头像放在指定位置

步骤11　运行程序合成图谱，可以直接执行，也可以选择背景颜色和中心图，将下载好的头像复制到文件夹中，如图6-23所示。

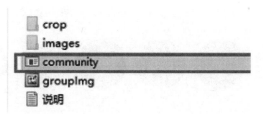

图 6-23 将下载好的头像复制到文件夹中

步骤12 直接单击"执行合成"按钮,如图 6-24 所示。

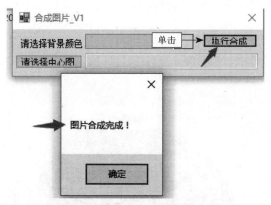

图 6-24 执行合成页面

步骤13 选择背景颜色和中心图后,单击"执行合成"按钮,如图 6-25 所示。

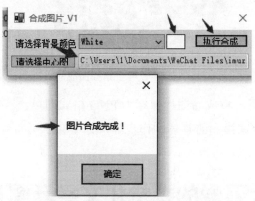

图 6-25 单击"执行合成"按钮

步骤14 放入群主头像,输入文字,用 PPT 增加中心图,即群主头像,把群主放在中间,如图 6-26 所示。

图 6-26 放入群主头像

步骤 15 生成全家福图后,将其复制到 PPT 中,把群主头像放在正中间,添加文字,最终的成品如图 6-27 所示。

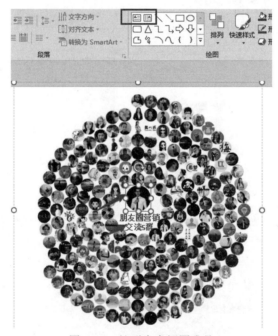

图 6-27 社群全家福图成品

步骤 16 最后,将成品图片保存为 PNG 格式即可。

以上即社群全家福图的具体制作步骤,你学会了吗?

6.4 受人喜爱的视觉化文字云图片

本节介绍非常受人喜爱的文字云图片,它的做法需要用到一个网站:https://wordart.com,如图 6-28 所示。

第6章 配图：提升你的审美和搜商才是上策

图 6-28 文字云网站首页

如果是第一次使用这个网站，需要先注册，再登录。

步骤01 注册登录页面如图 6-29 所示。

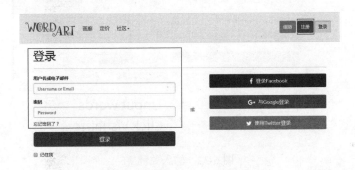

图 6-29 注册登录页面

步骤02 单击"+Create"按钮，创建云文字，如图 6-30 所示。

图 6-30 单击"+Create"按钮

步骤 03 在 "Words" 选项卡中单击 "Import words" 按钮，输入文字，如图 6-31 所示。

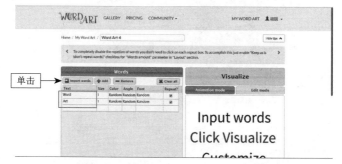

图 6-31 单击 "Import words" 按钮

步骤 04 输入关键字，如图 6-32 所示。

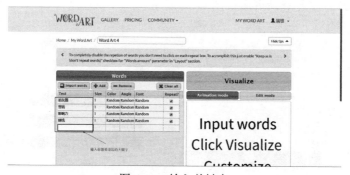

图 6-32 输入关键字

步骤 05 选择关键字的字体大小分布，重点字眼选大号字，如图 6-33 所示。

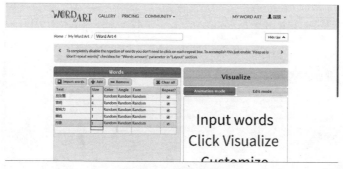

图 6-33 调整字体

步骤 06 在 "Shapes" 选项卡中选择文字云图片的形状，如图 6-34 所示。

图 6-34 选择文字云图片的形状

步骤 07 在"Fonts"选项卡中选择字体。因为网站只有英文字体,所以需要先下载字体到本地计算机,再单击"Add font"按钮上传中文字体,如图 6-35 所示。

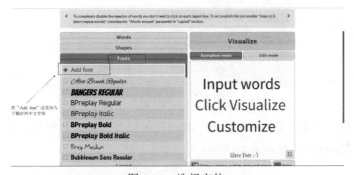

图 6-35 选择字体

步骤 08 在"Layout"选项卡中选择字体排布方式,如图 6-36 所示。

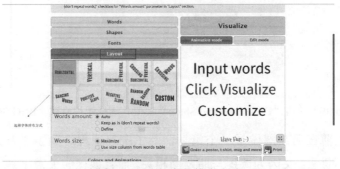

图 6-36 选择字体排布方式

步骤 09 单击"Colors and Animations"按钮,选择字体颜色,如图 6-37 所示。

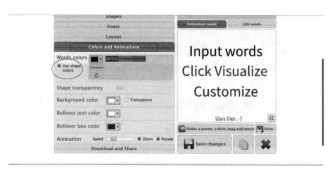

图 6-37　选择字体颜色

步骤 10　单击"Visualize"按钮,进行图片预览,如图 6-38 所示。

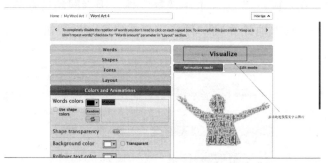

图 6-38　图片预览

步骤 11　单击"Download and Share"按钮并选择图片格式"PNG SQ",即可免费下载图片,如图 6-39 所示。

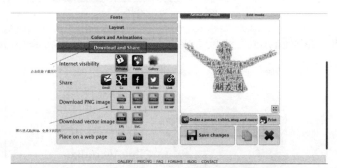

图 6-39　单击"Download and Share"按钮并选择图片格式"PNG SQ"

笔者之前在朋友圈做了一个策划,为了庆祝课程达到了 3 万人订阅,要把"3万"写进去;又因为课程与朋友圈相关,而且课程的关键字是"大V""形象""营销""影响力"等,所以要把这些词输入进去;再对图片的形状、颜色以及文字排版进行选择。

第6章　配图：提升你的审美和搜商才是上策

经过这样一轮设计，就可以把文字云图片制作好。该方法非常简单，只要按照以上步骤操作，即可轻松制作想要的图片。

6.5 设计简洁好看的创意二维码

在日常的活动传播当中，扫码已经成为随处可见的事了，而有美感和有创意的二维码能够给我们带来更多的转化。设计二维码时需要注意以下3点。

（1）二维码的回字框美化不遮挡。

（2）尺寸设计过小不易长按识别。

（3）同一屏不能出现多个二维码。

本节介绍3个设计二维码的网站，分别是草料二维码（https://cli.im）、第九工场（http://www.9thws.com）和模板码（http://www.mobanma.com），输入网址就能直接找到对应网站。

1. 草料二维码

用草料二维码制作二维码的方法最简单，它可以实现文字、链接、图片、文件、小程序等一键转换成二维码。

该网站的处理页面也非常简洁，为用户提供了基本的二维码模板样式进行套用，有黑白、简约、经典等多个款式，如图6-40所示。

图6-40　草料二维码网站首页

步骤01　单击"网址"按钮，并在文本框中输入网址，如图6-41所示。

接着单击"生成二维码"按钮，会出现图6-42所示页面，只需单击"保存图片"按钮就可以使用生成的二维码。

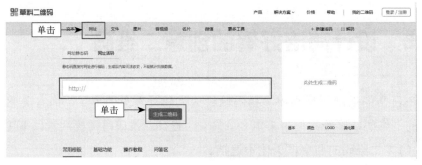

图6-41　输入网址

图6-42　二维码生成页面

步骤02　对二维码进行基础美化，还可以对二维码进行图标和文字预设，最后做局部微调。这样，一个简单的二维码就完成了，如图6-43所示。

图6-43　二维码最后效果

2. 第九工场

草料二维码虽然简单,但其在视觉设计上无法满足对美感要求较高的人群,所以笔者接下来再推荐一个网站:第九工场。

第九工场是一个比较偏重于艺术型的网站,它的特点是模板多,并且做了主题、行业、节日与风格4种分类。除此之外,使用场景还分为公众号二维码、海报、微信名片等,如图6-44所示。

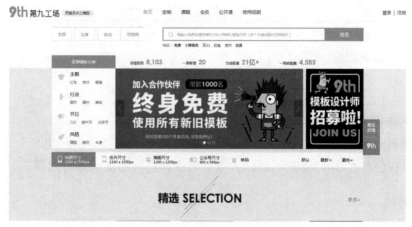

图6-44 第九工场网站首页

那么,这个网站应该怎么使用呢?

步骤01 我们可以选择不同使用场景下的二维码模板,如情人节主题,如图6-45所示。

图6-45 情人节主题页面

步骤 02　上传普通二维码,将其转换成艺术码,如图 6-46 所示。

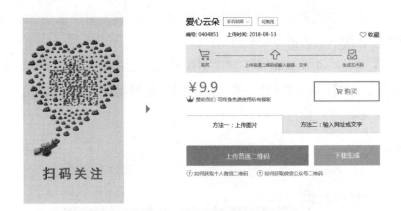

图 6-46　将普通二维码转换成艺术码

步骤 03　将转换后的二维码进行保存即可。

在第九工场中有大量优质二维码模板,其中既有付费的,也有免费的,付费模板价格在 0~19.9 元不等,大家可以根据自己的需求进行选择。

3. 模板码

最后给大家推荐的网站为模板码,模板码的二维码设计和第九工场比较相似,也有着明确的分类,并且提供入门的制作二维码教程,如图 6-47 所示。模板码转码具体流程如下。

图 6-47　模板码网站首页

步骤 01　单击"二维码生成器"按钮,并填写码上信息,如图 6-48 所示。

第6章 配图：提升你的审美和搜商才是上策

图6-48 填写码上信息

步骤02 单击"免费模板"按钮，选择一个喜欢的主题，如图6-49所示。

图6-49 选择主题

步骤03 例如，选择卡通动漫码。再选择一个喜欢的模板，单击"免费领取"按钮，如图6-50所示。

图6-50 免费领取模板

步骤 04　最后，将转换完成的二维码进行保存即可。

6.6　8 大手机拍照神器轻松制图

除了搜索美图和制作美图之外，修图也是每个微商的必学技能。如今人人手中都有能够拍照的手机，但是为照片后期修图的微商却寥寥无几。

拍照 APP 可以帮助大家练就一手出色的后期处理技术，笔者建议用手机拍照的微商至少装 1～2 个拍照 APP。本节就给大家推荐 8 种手机拍照神器。

1. 天天P图

天天 P 图是一款专业、时尚的图片处理软件，涵盖手机图片美化、美容、拼图等各种需求。

天天 P 图基于团队自研的人脸检测技术和国内一流的五官定位、图像处理技术，推出了自然美妆、魔法抠图、疯狂变妆、星光镜、光斑虚化、智能景深等多项创新功能，同时提供了趣味多图等图片的新潮玩法。

在天天 P 图主界面点击"P 图实验室"按钮，进入其界面，可以看到"全家福""我的婴儿视频""好友整蛊机""测圆脸"等时尚 P 图功能，如图 6-51 所示，用户可以根据需要选择其中一项处理图片。

图 6-51　P 图实验室的主要功能

2. 相机360

相机360（又称Camera 360）是一款功能非常强大的手机摄影软件，其提供了很多风格迥异的相机拍摄模式，可以帮助用户轻松拍摄出不同风格和特效的照片。相机360的特别之处在于其具有丰富特效滤镜的特效相机，即使用户不会后期处理技巧，也可以轻松拍出大师级照片。

在处理手机照片时，相机360也提供了很多特色功能，不但可以让照片元素更加丰富多彩，同时也能修复照片的一些瑕疵问题。例如，相机360的"动态照片"功能主要是为照片模拟出各种动态场景效果，如闪电、落雨、飞鸟、烟花、嘴型、爆炸、火花、落石、激光等。图6-52所示为动态照片播放效果。

图6-52　动态照片播放效果

3. 美图秀秀

美图秀秀使用场景极广，有电脑版、手机版、网页版，其中手机版还包括iPhone版、Android版等。美图秀秀的用户群体非常大，用美图秀秀的微商用户也比较多。

美图秀秀具有不需基础、人像美容、图片特效、拼图功能、动感 DIY、分享渠道六大亮点。其功能涵盖图片美化、美容、动态饰品、文字、边框、场景、多图闪图等需求功能。图 6-53 所示为人像美容处理效果。

（a）处理前

（b）处理后

图 6-53　人像美容处理效果

4. VSCO

VSCO 是当下一款非常流行且功能强大的修图软件，包含相机拍照、照片编辑和照片分享三大功能。VSCO 内置了数量众多的胶片滤镜、照片基础调整工具，用户可以通过它们对照片进行快速处理，创造出令人着迷、胶片味十足的手机摄影作品。

如图 6-54 所示，商户们平时除了在朋友圈中发送产品信息外，还可以多发一些个人照片，缓解用户的审美疲劳。

图 6-54　胶片色调效果

5. Snapseed

Snapseed 是一款优秀的手机数码照片处理软件,可以帮助用户轻松美化、转换图片。用户还可以通过 Snapseed 内置的 Google+ 功能,方便地在朋友圈中分享照片。

Snapseed 的主要功能包括修图工具和滤镜两个部分,其中修图工具包括调整图片、突出细节、裁剪、旋转、视角、白平衡、画笔、局部、修复、晕影、文字及曲线调整等功能,可以调整图片的各项参数。

6. 黄油相机

黄油相机是一款具有文艺清新风格的手机相机软件,其提供了多种美化和编辑功能,并且精选了海量经典的图片美化模板,用户可以在线选择喜欢的模板和背景,将照片瞬间变得像海报一样好看。

另外,备受微商用户青睐的一点是,黄油相机的照片处理过程形成了一种流程化的处理,如裁剪、调节、滤镜、文字等,我们只需根据顺序来进行处理即可。图 6-55 所示为三明治照片处理效果。

图 6-55　三明治照片处理效果

7. MIX滤镜大师

MIX 滤镜大师 APP 由 Camera 360 推出,其内置了 100 多款创意滤镜、40 多款经典纹理,并具有十分完善的专业参数调节工具,可以帮助用户轻松修片,为用户带来创意无限的照片编辑体验。

MIX 滤镜组包括泛黄记忆、暖意色彩、青色电影、日系、青涩年华、暖秋、小清新、黑白、老照片、淡雅、素色白、古旧 HDR、暮光之城、流星密语等滤镜效果，类型比较丰富，用户可以根据不同的调色需求来选择使用。

8. POCO相机

POCO相机是中国国内图片原创社针对手机拍照用户群推出的发烧友级手机拍照工具，其内置多种拍照镜头，超过40多种后期美化模式，支持一键多平台分享。从笔者试用的几十款相机APP来看，POCO相机是比较好的一款。POCO相机的一大特色为，它的色彩饱和度比一般的相机APP要艳丽丰富。图6-56所示为壁画饱和度处理效果。

图6-56　壁画饱和度处理效果

第7章

小视频：朋友圈现场感的内容呈现必备

[学前提示]

在营销过程中，商户们必须意识到，动态营销比静态营销更能吸引人们的关注，视频动画等生动的介绍往往比文字更吸引人的眼球。

本章将介绍多种制作视频、营销方法与注意事项。

[要点展示]

- 拍摄微信小视频，牢记8个要素
- 套用小视频模板，既方便又实用
- 剪裁小视频画面，时长严格把控
- 用Vue制作特效，拍出精致镜头
- 加视频水印标签，树立品牌效应
- 修改小视频声音，运用会声会影
- 加视频背景音乐，渲染视频气氛
- 转发宣传小视频，拉动销售额度

7.1 拍摄微信小视频，牢记 8 个要素

一般商户们在进行朋友圈营销时，会用到"**图片+文案**"的组合方式来对产品进行介绍。除了文案和照片，微信朋友圈中小视频的拍摄也可以对产品起到一定的营销作用。

现代广告业营销同样可以折射到朋友圈的广告中。一个报纸上刊登的广告和电视上有图像有声音的广告相比，哪个更能吸引到更多的用户呢？自然是视频类广告。在朋友圈营销中，小视频所具有的营销潜力甚至会超过图片。

为什么说视频的营销潜力会超过图片呢？首先，图片是可以后期精修的，而通过精修之后所呈现出来的图片会具有不真实性，但是视频下的产品几乎可以让人摆脱这种疑虑。

其次，视频可以更加直观地告诉用户产品的具体用法用途，不再需要客户拿着说明书进行对比和研究再得出结论。

那么在朋友圈中如何推送小视频呢？下面为大家介绍详细步骤。

步骤01　进入朋友圈界面，点击右上角的图标，如图 7-1 所示。

步骤02　点击后手机下方会弹出一个列表框，点击"拍摄"按钮，如图 7-2 所示。

图 7-1　点击右上角的图标

图 7-2　点击"拍摄"按钮

步骤 03 进入拍摄界面，长按下方图标◉即可进行视频的拍摄，如图 7-3 所示。

步骤 04 进入编辑界面，下方有编辑视频、加入表情、加入文字、剪辑视频功能，如图 7-4 所示。

图 7-3 长按下方图标◉拍摄视频

图 7-4 编辑界面

除了可以直接拍摄以外，还可以从手机相册中选择已经拍摄好的视频，只是过长的视频需要进行裁剪，因为放在朋友圈中的视频不能超过 15 秒。

用微视频的拍摄方式进行产品宣传的前提是学会如何拍好一个小视频。拍摄小视频有 8 个要点，即**像素要高、光线要好、录制要稳、把握距离、使用滤镜、视频音效、谨慎对焦、场景变化**。接下来详细分析以上几个要点。

1. 像素要高

首先，如果想要拍摄一段好的视频，手机的像素高是最基本的要求，成像效果中有 50% 取决于手机像素。现在很多手机在摄像方面可以选择分辨率、画质等级和格式，用户在拍摄视频时应该尽量选择高分辨率、高画质和易于编辑的格式，以保证最好的品质。

2. 光线要好

手机摄像头的尺寸很小，感光元件每个像素所能感应的光线相对较少，所以感光能力有限。因此，在光线不足的情况下拍摄时，相机会自动调高ISO感光度，以提高感光能力。

但是，提高ISO会导致噪点明显增加，影响画质。在手机摄像头有主动降噪功能的情况下，噪点虽会得到一定的控制，但是画面会变得模糊，同时色彩方面也会损失严重。因此，摄影者需要仔细观察拍摄环境，避免暗光、逆光等光影，同时可以利用录像白平衡模式来保证画质。

3. 录制要稳

大多数手机的摄像头在机身背部，镜头的视角垂直于机身，因此轻微的晃动也会引起视角比较大的变化，造成场景晃动比较严重。所以，在拍摄时一定要保持手机平稳，最好用双手同时稳住机身两端，手臂均匀用力。有些手机有防抖功能，拍摄者可以开启该功能。

除此之外，还要注意在拍摄时尽量避免走动。因为走动时手机的晃动会更严重。如果条件允许，最好能把手机放在稳固的物体上（如使用三脚架），以保证最佳的稳定性。

4. 把握距离

大多数人在拍摄时，会习惯性地离拍摄主体较远。这种习惯是不妥的，因为手机视频分辨率有限，场景比较小，如果间隔太远，主体就会很小，不能充分展示主体细节。根据一般手机的设置，摄影者可以利用音量键来拉近与物体的距离。

在实际拍摄时要适当离主体近一点，尤其要注意人物的面部表情和肢体语言。但也不要太近，手机镜头大多是广角设计，焦距较短。如果离拍摄主体太近，会产生桶形畸变，即"鱼眼"效果，类似于哈哈镜，会导致局部比例失调，人物变形。

5. 使用滤镜

一般的手机里带有默认滤镜，在录制视频时同样可以使用。如果摄影者想追求不一样的拍摄效果，可以在拍摄设置中选择滤镜类型。

6. 视频音效

视频的另一个重要因素就是声音。目前很多手机虽号称具有立体环绕声，但是真正具有如此强大功能的手机并不多。通过网上很多网友拍摄的视频也可以看出，如果环境复杂，手机拍摄视频的声音会很嘈杂。因此，如果想要使拍摄效果更完美，应尽量选择比较安静的地方进行拍摄。

7. 谨慎对焦

由于手机摄像头的对焦机制不如摄像机手动对焦效果好，因此如果在拍摄视频的过程中重新选择对焦点，就会有一个画面由模糊到清晰的缓慢过程，这一过程很容易影响观看者的注意力。

所以，如果不是刻意为之，在按下摄像键之前最好关闭手机自动追焦功能。此外，还要先找好对焦点，避免在拍摄过程中再次对焦，保证画面的流畅。

8. 场景变化

拍摄视频时，往往需要跟着拍摄主体移动。除非做后期处理，否则不可能像电影里那样一瞬间切换场景。

因此，只能在拍摄视频时就做到完美"过渡"。在需要调整镜头方向时不要忽快忽慢，尽量保持一样的速度，忽快忽慢的镜头移动会让人感到眩晕。

总而言之，我们在拍摄微信小视频来销售产品时，一定要记得将小视频拍摄得清晰大方，只有这样，买家才能够知道我们营销的内容。

套用小视频模板，既方便又实用

如果不懂后期制作，也没有专业的相机工具，那么自己拍摄的视频可能不够精美。在营销过程中，任何广告类内容发布的初衷都是为了吸引微信好友的注意，以此来增加商品销量。所以，我们必须想办法使制作出来的视频更加吸引眼球。

想要拍摄视频广告的用户可以选择去网上寻找小视频模板,直接将模板套用在产品上。当然,必须要选择适合产品特质的模板,这样制作出来的视频比较精致,也更加引人注目。

图 7-5 所示为关于中国风产品的视频模板。商户销售的产品如果是服饰、丝巾、水墨画等产品,就可以使用该模板。另外,仅从界面来看,该模板相对来说比较素雅。

图 7-5　关于中国风产品的视频模板

图 7-6 所示为做儿童产品的视频模板。儿童服饰、儿童玩具甚至儿童乐园等小视频均可以套用该模板,充满了童趣与愉悦的气氛。

图 7-6　做儿童产品的视频模板

当然，一般在网上找的免费模板可能不够好看或是制作不够精细，有些图中还会带有制作视频用户的水印。这时商户们最好是去网上寻找一些制作微信小视频模板的商家，一般淘宝等店面都会有，让专业人士来帮忙制作更加完美的模板，这样才能换来相对来说比较稳健的回报。

7.3 剪裁小视频画面，时长严格把控

在微信朋友圈发营销产品的视频时，除了可以直接录制以外，还可以选择手机中已经录制并且制作好的视频。

能够上传朋友圈的视频大小必须在1MB以下，即视频时长必须严格控制，一般在15秒以内。这就意味着过长的视频需要后期裁剪，仅仅留下比较重要的部分。

裁剪可以在微信界面或是在各种视频软件上进行。下面介绍直接用微信进行视频裁剪的方式。

步骤01 进入朋友圈界面，点击右上角图标，如图7-7所示，弹出列表框，点击"从手机相册选择"按钮。

步骤02 进入相册界面后，选择需要裁剪的视频，下方则会出现一行字："朋友圈只能分享10秒内的视频，需进行编辑"，点击右下方的"编辑"按钮，如图7-8所示。

图7-7 点击图标

图7-8 点击"编辑"按钮

步骤03 进入编辑界面，将需要展现给微信好友看的段落放入白色裁剪框内，并点击右下角的"完成"按钮，如图7-9所示。白色裁剪框默认长度为15秒，可以拉动边框缩短时间。

步骤04 裁剪完毕后即可发布视频，如图7-10所示。当然，裁剪视频在很多视频软件中同样可以实现，过程与用微信裁剪相差无几，在其他软件将视频处理完毕之后再分享至朋友圈即可。

图7-9 点击"完成"按钮

图7-10 发布的视频

7.4 用Vue制作特效，拍出精致镜头

在营销过程中拍摄的小视频是为了体现广告，太过粗糙和随意的内容都不会吸引人点开观看，所以商户们应该使用一些专业的视频软件来制作吸引人眼球的特效。

使用Vue软件可以拍摄出十分漂亮精致的镜头，它可以在视频中加入各色滤镜，如图7-11所示。

第7章 小视频：朋友圈现场感的内容呈现必备

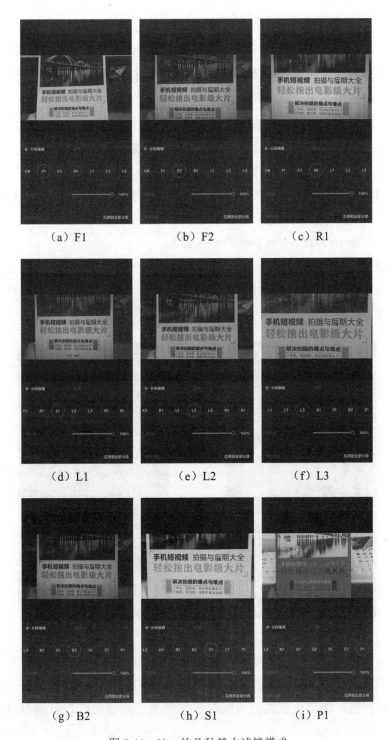

图 7-11 Vue 的几种基本滤镜模式

除了可以选择滤镜以外，Vue 的功能还有分镜头拍摄、加入音乐、调节视频画面、选择镜头切换模式、调整镜头记录速度等。另外，用 Vue 拍摄好的视频还可以发送至微信朋友圈内。想要将产品视频拍摄得高端大气的用户们可以选择使用 Vue 软件编辑视频。

接下来介绍 Vue 软件的基本功能，特别是视频特效功能。

步骤01 进入该软件后出现的就是拍摄小视频界面，图标 可以调节选择不同的滤镜，如图 7-12 所示。

视频可以录制 6～60 秒，一般系统默认时长是 10 秒。由于微信朋友圈只能上传 15 秒以内的小视频，而太短的视频通常又不能涵盖太多内容，因此推荐大家选择 10 秒或 15 秒长度的小视频。

步骤02 在拍摄小视频界面中点击下方图标 ，在弹出的任务框中可以设置镜头速度和开启美肤模式，如图 7-13 所示。充分发挥想象力，快动作和慢动作都可以拍摄成有意思的镜头。

图 7-12 图标 的功能

图 7-13 图标 的功能

例如，慢镜头可以将雨滴的坠落过程拍得清清楚楚，那么这个想法就可以运用于尿不湿广告，拍摄水被尿不湿吸进去的全过程，让人们感受到它强大的吸水性能；快镜头在拍摄滑板、单车等需要速度的广告时则可以发挥它的作用。

美肤模式对需要真人出场的视频来说是必不可少的,特别是产品内容是护肤类商品的情况下。

步骤03 "视频编辑"界面中也有很多可以调节画面的功能键,如图7-14所示。该界面中有一些图标,如图标 可以进行画面的精确调整,如调整画面亮度、对比度、饱和度、色温、暗角、锐度等,如图7-15所示。

图 7-14 调节画面的功能键　　　　图 7-15 图标 的功能

步骤04 利用 Vue 软件可以分段拍摄视频。为了使每个小视频之间的过渡不至于太过违和,最好打开"过渡"开关,系统会给过渡段落叠黑,当然也可以调整镜头的排序。

除了过渡,该开关同样也能使数码变焦,即可以拉远或拉近镜头。当用户想将镜头拍得尽量磅礴大气时,就可以使用这种镜头模式。

在拍摄过程中,画面可能还需要一些串场的台词,所以字幕也是必不可少的,而通过图标 就可以在视频中加入文字,同时可以设置字体和字幕所处位置,如图7-16所示。

步骤05 使用图标 ,可以选择音乐加入视频当中,如图7-17所示。Android 系统除了可以选择软件自带的音乐外,还可以选择本地音乐;iOS 系统除了自带的音乐外,只能导入 iTunes 的音乐。

图 7-16　图标 的功能　　　　图 7-17　图标 的功能

步骤 06　通过图标 可以加入可爱的小贴图或者一些说明类文字，如图 7-18 所示。

图 7-18　图标 的功能

除此之外，还有许多编辑小视频的 APP，这些 APP 不仅可以美化拍摄视频，还可以进行视频长度修剪，添加滤镜特效、背景音乐、字幕效果等。这里给大家推荐几款常见的 APP，如美拍、小影、优拍、秒拍、美摄、快秀、乐秀、巧影、爱剪辑、iMovie 剪辑等。

7.5 加视频水印标签,树立品牌效应

Vue 除了含有对视频基本的编辑功能外,还可以在视频中添加水印。给自己的视频取一个容易记住又能起到宣传作用的水印名字,也是营销中不可或缺的一步,这样做可以给用户树立一种品牌感,即品牌效应。

当然,除此之外,更重要的一点是,加上水印能防止自己辛苦制作的视频被别人盗用或是转载到其他平台上。

有营销头脑的用户甚至会在水印里附上自己的微信号,在不停地被转载过程当中,如果有人喜欢上这个视频,可以方便互相添加好友。聪明的商人会想尽一切办法吸引粉丝。

下面详细介绍用 Vue 软件设置水印的方法。

步骤 01 在弹出的列表框中点击"设置"按钮,如图 7-19 所示。

步骤 02 进入"设置"界面,点击"水印"按钮,如图 7-20 所示。

图 7-19 点击"设置"按钮

图 7-20 点击"水印"按钮

步骤 03 进入"水印"界面,在"水印名称"中输入想要显示在水印上的信息,如图 7-21 所示。

图 7-21　输入想要显示在水印上的信息

除了默认模板以外，用户还可以进入商城选择其他模式的水印，这些水印都很简约、大气。在视频上加上大方漂亮又不影响观看还能证明身份的水印，不仅能吸引粉丝，而且可以增加销量，何乐而不为呢？

7.6　修改小视频声音，运用会声会影

视频在录制结束之后，可能会由于手机没有专业的收音设备导致后期音源比较嘈杂，收录很多杂音到视频中去。正如我们所知，这样粗制滥造的视频是绝对不会吸引用户眼球的。

如果用户想要制作出一个相对来说比较完美的视频广告，最好可以在音源方面重新下功夫，如后期重新配音，然后用专门的软件将音源与视频整合起来。

一般的视频如果要洗去原本的音源并且配音，手机软件是做不到的，在这种情况下，我们可以选择使用计算机软件来进行处理。一般的视频剪辑软件都有这个功能。接下来介绍一款十分常用的视频制作软件——会声会影。

在会声会影 2018 中，用户不仅可以从硬盘或 CD 光盘中获取音频，还可以使用会声会影软件录制音频。下面以红色荆棘为例，介绍利用会声会影录制音频的操作方法。

步骤01 进入会声会影编辑器，在视频轨中插入一幅素材图像，如图7-22所示。在预览窗口中预览插入的素材图像效果，如图7-23所示。

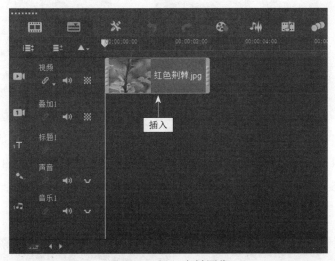

图 7-22 插入素材图像

图 7-23 预览素材图像效果

步骤02 在时间轴面板上方单击"录制/捕获选项"按钮，如图7-24所示。

步骤03 弹出"录制/捕获选项"对话框后，单击"画外音"按钮，如图7-25所示。

图 7-24　单击"录制/捕获选项"按钮　　　图 7-25　单击"画外音"按钮

步骤 04　弹出"调整音量"对话框，单击"开始"按钮，如图 7-26 所示。

步骤 05　执行上述操作后，开始录音。录制完成后，按 Esc 键停止录制，录制的音频即可添加至声音轨中，如图 7-27 所示。

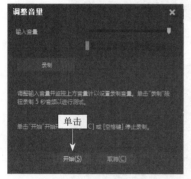

图 7-26　单击"开始"按钮　　　图 7-27　将录制的音频添加至声音轨中

值得一提的是，会声会影 2018 除了支持 MPA 格式的音频文件外，还支持 WMA、WAV 以及 MP3 等格式的音频文件。

7.7　加视频背景音乐，渲染视频气氛

有时商户拍完一支营销广告的小视频后发现，视频中背景杂音较多，却没有多余的话可以当作旁白，这时在视频中加背景音乐是最好的选择。在广告中加入背景音乐主要有两个好处。

（1）消除原本的噪声。

第7章 小视频：朋友圈现场感的内容呈现必备

（2）渲染气氛。

使用手机和计算机都可以给视频添加背景音乐，首先介绍用手机软件添加背景音乐的方法，用到的软件是Vue。

步骤01 拍摄一段视频之后进入编辑界面，点击图标♪，如图7-28所示。

步骤02 进入"添加音乐"界面，点击"舒缓"按钮，如图7-29所示。当然，用户也可自由选择iTunes中的音乐。

图7-28 点击图标♪

图7-29 点击"舒缓"按钮

步骤03 选择一首合适的音乐并下载，如图7-30所示。

步骤04 进入"视频编辑"界面，如图7-31所示。用户可以选择音乐片段，也可以通过最下方的音量平衡来调节背景音乐与本身拍摄时音频之间的大小关系。

图7-30 选择音乐并下载

图7-31 "视频编辑"界面

以上即为利用手机添加背景音乐的方法，接下来介绍用计算机软件——会声会影添加背景音乐的方法。

步骤 01 进入会声会影编辑器，打开一个项目文件，如图 7-32 所示。

步骤 02 单击时间轴面板上方的"自动音乐"按钮，如图 7-33 所示。在时间轴面板的声音轨中添加音频文件后，如果不再需要，可以将其删除。

图 7-32 打开项目文件

图 7-33 单击"自动音乐"按钮

步骤 03 打开"自动音乐"选项面板，在"类别"下方选择第一个选项，如图 7-34 所示。

步骤 04 在"歌曲"下方选择第二个选项，在"版本"下方选择第三个选项，如图 7-35 所示。

图 7-34 选择类别选项

图 7-35 选择歌曲和版本选项

步骤 05 在"自动音乐"选项面板中单击"播放选定歌曲"按钮，开始播放音乐，播放至合适位置后，单击"停止"按钮，如图 7-36 所示。

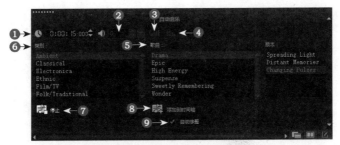

图 7-36 单击"停止"按钮

"自动音乐"选项面板各主要选项的含义如下。

❶ "区间"数值框:该数值框用于显示所选音乐的总长度。

❷ "素材音量"数值框:该数值框用于调整所选音乐的音量,当值为 100 时,可以保留音乐的原始音量。

❸ "淡入"按钮:单击该按钮,可以使自动音乐的开始部分音量逐渐增大。

❹ "淡出"按钮:单击该按钮,可以使自动音乐的结束部分音量逐渐减小。

❺ "歌曲"选项:可以选择用于添加到项目中的音乐。

❻ "类别"选项:可以选择不同的乐器和节奏,并将它应用于所选择的音乐中。

❼ "停止"按钮:单击该按钮,可以停止播放设置的自动音乐。

❽ "添加到时间轴"按钮:单击该按钮,可以将播放的自动音乐添加到时间轴面板的音乐轨中。

❾ "自动修整"复选框:选中该复选框,将基于飞梭栏的位置自动修整音频素材,使它与视频相配合。

步骤 06 执行上述操作后,单击"添加到时间轴"按钮,即可在音乐轨中添加自动音乐,如图 7-37 所示。

图 7-37 添加自动音乐

7.8 转发宣传小视频，拉动销售额度

前几节详细介绍了如何拍摄和制作广告小视频，但我们必须要意识到，学会制作小视频只是其中一步，还必须将它有效地应用于营销当中，想方设法用它去拉动销售额的增长。

把广告视频发布在朋友圈中看似是一个十分有效的方式，可如果在朋友圈中发布的广告营销小视频没有人看到或者没有人点进去仔细看，该怎么办呢？

从营销的角度来说，为了保证视频万无一失地被所有微信好友看到，同时也为了提高产品的宣传力度，商户们不仅可以将视频发送到微信朋友圈，还可以选择将这个视频广告群发给众位微信好友，精确到个人，让他们仔细看完整个广告。

那么，如何将朋友圈中的小视频发送给微信用户呢？接下来详细介绍转发小视频的步骤。

步骤01 ❶打开一条带有视频的朋友圈，如图7-38所示，或者让朋友直接将视频发过来。❷长按视频，会弹出一个列表框，❸点击"收藏"按钮，如图7-39所示。

图 7-38 打开一条带有视频的朋友圈

图 7-39 长按视频并点击"收藏"按钮

步骤02 退出朋友圈，进入"我"界面，❶点击"收藏"按钮，如图7-40

所示，进入"收藏"界面，找到收藏的微视频。❷长按视频，弹出列表框，❸点击"转发"按钮，如图 7-41 所示。

图 7-40　点击"收藏"按钮

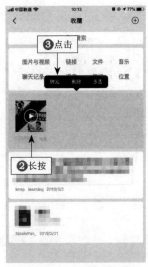

图 7-41　长按视频并点击"转发"按钮

步骤 03　进入选择界面，❶点击右上角的"多选"按钮，如图 7-42 所示，❷选择需要发送视频的好友，❸点击"完成"按钮，如图 7-43 所示。

图 7-42　点击"多选"按钮

图 7-43　选择好友并点击"完成"按钮

在计算机里编辑加工好的小视频，还可以通过登录微信电脑版把小视频发送到微信里，存在手机里，然后发送到朋友圈。

第 8 章

活动：让普通个体快速实现低成本引爆传播

> **学前提示**

微商、网红以及自明星在刚开始建立微信朋友圈流量池时，往往没有好的方法进行传播。有些人在朋友圈进行营销活动时，一些不恰当的刷屏常常受到朋友圈好友或粉丝的排斥、屏蔽、拉黑，不但使营销效果大打折扣，还会影响与好友的感情。

本章主要介绍让普通个体快速实现低成本引爆传播的方法和实例，希望读者可以掌握。

> **要点展示**

- 群裂变：利用免费资源引导用户传播
- 任务裂变：通过做小小的传播任务获取免费资源
- 分销裂变：分享活动二维码，获得高额分销回报
- 找到要传播的点，策划刷爆朋友圈的活动

8.1 群裂变：利用免费资源引导用户传播

群裂变是一种通过社群来承载流量和引导传播的流量获客方法，通过设计裂变路径，然后让用户帮我们转发和分享，不断地裂变，直到停止。群裂变的思路如图8-1所示。

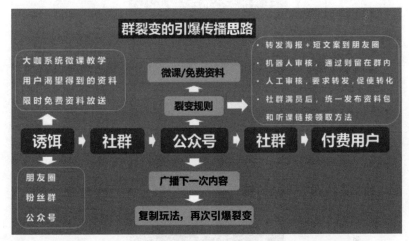

图8-1 群裂变的思路

群裂变的思路如下：在朋友圈看到一张很有吸引力的海报，然后扫码加入社群后，机器人会弹出话术引导你转发海报＋话术，发朋友圈之后截图发到群里等待审核，等审核通过后，再把所需资源发给你。

那么引爆传播的关键是什么呢？笔者将其总结归纳为4点，如下所述。

（1）选择一个细分领域。

（2）挖掘细分领域人群的需求。

（3）提供超出人群期待的资源。

（4）设计引爆传播密钥海报。

群裂变是目前使用比较广泛的一种裂变引流方法，其以社群为转换中心，把粉丝引导到各个目标平台中。群裂变有几个关键步骤，如下所述。

- 购买第三方群裂变工具，批量建群。
- 设计好传播海报和机器人文案话术。

- 转发宣传海报，引来第一批种子用户。
- 机器人群内引导种子用户转发朋友圈。
- 机器人＋人工审核转发截图是否成功。
- 裂变结束后再放送免费福利资源。

我们通常会通过设计好的诱饵对自己进行包装，做成一张可视化的海报。图 8-2 所示为信用卡课程海报。

图 8-2　信用卡课程海报

这里的课程和课程赠送的福利就是裂变的诱饵。用户为了获得这样的奖励，会做出转发动作，一旦转发，用户微信中感兴趣的好友也会参与进来，从而实现裂变式传播。接着将海报投放到朋友圈流量池，流量池是指大量精准用户聚集的地方。

通过启动流量传播，让第一批种子用户进入我们的微信群中。微信群的二维码是一个活码，一旦好友达到 100 人，就会自动跳转到下一个群。

当时，笔者用图 8-2 所示的信用卡课程课程在一天时间内裂变了 20 多个群，如图 8-3 所示，总用户达到了 2 000 多人。通过这个免费的公开课裂变转化再卖后续的付费信用卡特训营，累计变现了 20 多万元。

接下来解析整个群裂变的过程，第一步是进行内容选题，究竟什么样的用户需要学习这样的课程呢？

第8章 活动：让普通个体快速实现低成本引爆传播

图 8-3 通过裂变之后的群

很多人有信用卡但是不知道该怎么用，更不懂怎么用信用卡来赚钱，于是可以"赚钱"这个点来切入大部分用户的刚需。因此，得出海报选题：**摆脱卡奴，教你玩赚信用卡，每年多赚 10 万元**。

接着包装海报，海报内容包括课程大纲、主讲人介绍、赠送福利和促使扫码文案。全部准备就绪后让设计师做成精美的海报，之后开始测试，将海报和文案投放到朋友圈等相应的流量池。

当用户扫码进群之后，我们会通过机器人设计好相应的话术，引导进群用户转发裂变海报，从而让新用户源源不断地进入群内。群裂变引导话术如图 8-4 所示。

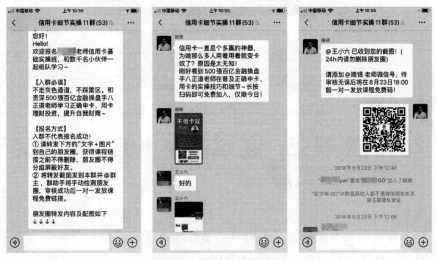

图 8-4 群裂变引导话术

这里的微信群仅仅是用来做流量裂变和审核用的,只有用户转发朋友圈并截图给我们后,我们才会给用户发放听课学习入口和资料。

注意:微信群裂变需要用到的工具是活码,目前能够提供免费活码的工具有微友活码,但微友活码不能自动实现群内好友的转发,需要匹配相应的群工具,如 WeTool 机器人。

如果想实现更智能的群裂变,还可以使用群裂变付费工具,如小裂变、进群宝、八爪鱼裂变和爆汁裂变等。各种工具都有其优缺点,大家可以根据预算和需求自行甄选。

总而言之,策划刷屏级的活动有 3 个关键点是要我们牢记的:**明确传播目标、植入传播引爆基因、设计引爆传播路径。**

(1)**明确传播目标**,即引流和转化。

(2)**植入传播引爆基因**,即好奇、稀缺感、美感、情感。

(3)**设计引爆传播路径**,即遵循 5W2H 原则,如图 8-5 所示。

```
Why:      为什么会有传播?
What:     具体的传播物料是什么?
Who:      到底由谁来传播?
When:     什么时候是传播的最佳时机?
Where:    到底在哪里传播?
How:      怎样才可以传播?
How much: 传播的预算是多少?
```

图 8-5　5W2H 原则

以上就是关于群裂变的要点,但所有活动策划的传播路径都是有差异的,笔者提供的只是一个思路,具体情况还需根据具体情况具体分析。

8.2　任务裂变:通过做小小的传播任务获取免费资源

任务裂变主要有两种方式,即**任务宝法和人工引流法**。任务裂变的关键是通过做传播任务获取免费资源。下面分别讲解这两种方式的裂变路径。

1. 任务宝的裂变路径

任务宝的裂变路径主要有以下 4 点。

（1）服务号推送引爆传播海报。

（2）扫码生成个人专属邀请海报。

（3）转发海报带来指定用户数。

（4）服务号自动弹出资源领取链接。

2. 人工引流的裂变路径

人工引流的裂变路径主要有以下 6 点。

（1）选准一个领域或行业。

（2）挖掘这个领域目标人群的核心需求。

（3）找到满足目标人群需求的资料，整理汇总。

（4）设计好传播海报和领取资料方式。

（5）要求转发海报截图发回公众号审核。

（6）人工审核，手动发送资料领取链接。

以上即为两种裂变方式的具体路径，大家可以参照步骤和相关案例进行实际操作。

8.3 分销裂变：分享活动二维码，获得高额分销回报

如果你朋友圈玩得好，那么的的确确是可以赚钱的。笔者现在每个月朋友圈分销收入在 5 位数以上，笔者的分销策略和其他人不同，一般笔者会选择集中爆发式的发圈，如一个月可能只分销一两次，但是这一两次会集中在一天之内发 3 条左右，且保证每条朋友圈收益在 1 000 元以上。

当然，这只是笔者的个人分销技巧，未必适用于每个人。关于朋友圈分销这种靠流量变现的商业模式，笔者总结了一个公式供大家参考：**分销赚钱＝优质产品 / 服务 × 有效的流量 × 客单价 × 分销比例。**

为什么要乘以分销比例呢？因为你分销的产品是别人的产品，你只能得

到产品的部分分成，即产品供应商让利给分销渠道商的收益。你相当于朋友圈的分销渠道商。

如果想在朋友圈分销赚大钱，实现每个月收入上万元，那么你需要先了解分销隐含的 4 个前提条件。

（1）**产品或服务必须要非常优质**。这是最基础的前提条件，如果产品很差，那么分销就是损人，欺骗用户。

（2）**开发产品服务商和渠道分销商的信誉都很优良**。例如，产品出自某知名公司或平台，这样产品的质量才有保障。

（3）**用户和你发生过购买关系**。从效益好的公司应该可以看出，分销赚钱是基于购买转化后的收益，如果没有人购买，那么分销就等于做无用功。

（4）**要有足够多的用户愿意购买**。朋友圈分销的产品客单价都不太高，所以我们需要从量取胜。

以下列举 3 种常见的分销赚钱形式，第 1 种是个人分销，属于单干型；第 2 种是团队分销，即不仅你会分销，还要有分销团队；第 3 种是策划分销，即你的身份是策划，所做的工作是组织大家来分销。从层次上来说，从个人分销、团队分销到策划分销，层次越来越高，难度也越来越大。下面详细介绍这 3 种形式的分销玩法。

1. 个人分销

第一种形式就是个人分销，其考核的是转化率。个人分销的核心秘诀有 3 个：**选品要好、卡位要早、信息不对称**。

首先看**选品**。不管是卖产品还是分销产品，选品都是首要考虑的因素，有一些产品是不能碰的。例如，客单价比较高的产品，如单价超过几千元的商品，用户在购买时决策难，朋友圈转化率也难以保证；会透支流量的产品，不停地转发但是不转化，这种产品也最好不要选择。

那么什么样的产品和服务适合分销呢？笔者认为有以下 3 个角度。

（1）**产品本身的角度**。从产品的角度来看，质量好、口碑好，面对用户的痛点强、需求大，用户人群广的产品适合分销，如果复购高就更好了。

（2）**利益的角度**。从利益的角度来看，肯定会优先分销那些分成比例高，而且有多级分销活动的产品，如果还有额外奖励会更好。

（3）**身份认同的角度**。身份认同也很重要，即用户通过你分销产品会对你的专业身份产生认同感，而不会太过在意你通过分销产品获得了多少利益，能够为用户树立起身份认同感。

例如，前段时间刷屏朋友圈的侧面像小程序，它就满足了以上三大条件，首先产品设计好，大家使用这个 AI 面相测试工具可以识别出自己的面相结果，并且很准。另外，它自带社交传播属性，大家看到你测试以后，认为很有趣，所以自己也想试试看，这样就很容易在社交当中散播。

分销侧面像小程序采用绑定代理的形式，如果卡位早，受益就会很多，并且有多级分销受益。最后，非常重要的一点就是，它隐藏了分销者获益，即你发出去之后，很多人都不知道这个小程序居然是可以分销赚钱的，这会让分销者的分享压力立刻变小，"闷声发大财"。

选品介绍完后，接下来看**卡位**。在分销中，卡位的核心就是要看准时机入手，越早卡位效果越好，早卡位能够占领先机、占领渠道。

例如，在朋友圈发分销海报，大家都发了之后你才发，你就错过了最好的推广时机，即卡位慢了。毕竟从很大程度上来说，分销靠的是信息不对称，越早参与，越早掌握更多信息，将会越有利。

在个人分销时，同样是分销一个产品，要卖得好，文案水平很重要。例如，你要提取产品的核心卖点，让用户觉得物超所值，然后提供赠品，抓住发圈的好时机。文案背后还有个人品牌、影响力、流量等差异。

2. 组队分销

组队分销的核心秘诀有 4 点。

（1）筛选优质队友，组建分销团队。

（2）培训分销团队。

（3）管理分销团队。

（4）激励分销团队。

要组队分销，肯定不能选择"猪队友"，而是要选择优质队友。那么，应该怎么选优质队友呢？分层次和阶段来选。一般首次筛选会从渠道开始，如选择好友超过 3 000+ 的；其次从转化量来筛选，如队友能够转化超过 100 单的；最后从长期战斗力来筛选，如果分销量都不错，那应该优选这样的队友。

当然，队友要选择加入你的团队，他们也会考虑很多因素。那么，应该怎么触发他们的行动呢？我们可以参考这个行为模型：**一个人的行为 = 动力 ×**

能力×触发×奖励。

（1）**行为**：让用户去分销。

（2）**动力**：用户想要实现某些目的而行动（自身动力＋助攻），如分销可以赚钱，可以打造个人品牌。

（3）**能力**：让用户容易分销成功（自身能力＋阻碍），如一些分销高手有非常高的朋友圈营销技能，卖货非常轻松。

（4）**触发**：因为某些原因让用户有分销的想法，如看到群里某个人分销产生了超过5位数的收益，这会立刻激发起大家分销的欲望。

（5）**奖励**：用户分销后得到了奖励，如分销成功就可以即刻到账，这个及时的满足感和成就感会给人带来很大的分销动力。

那么，如果要组队，我们应该怎么发出组队邀请呢？一般有两种形式，一种是直接从朋友圈通过文案写出组队邀请的链接或者二维码，从朋友圈导流；二是从微信群里直接进行导流。还可以通过私信的方式，邀请行业KOL进行分销。

分销团队建立起来之后，不能任其发展，队长必须要给队友们进行培训。第一，明确团队的利益分配。通过文档的形式告诉队友分销这个产品可以获得多少比例的佣金，一级佣金是多少，二级佣金是多少，额外奖励又是什么。第二，共同梳理即将分销的产品的卖点。第三，分享分销赚钱的销售策略和方法。第四，分享获得用户的方法，如怎么涨粉和裂变。第五，提供分销的步骤、方法和流程，以及准备好分销的物料，包括海报的获取和文案。

为什么要做这些工作？因为很多队友可能对分销活动不熟悉，如果你把方法和一切发圈的素材都准备好，那么大家只要跟着去转发就可以了，这样既节省了沟通时间成本，也能够大幅度提高活动的流量覆盖率。毕竟有些人确实不知道文案怎么写，如果活动流程很复杂，他们可能会选择放弃。

最后，如果想要分销团队持续发展，必须要学会管理和激励团队，方法如下。

（1）**分清利益**。每一次组队分销后的收益一定要分清楚，不能含糊，也不能不清不楚，否则会影响后续的合作。

（2）**进行比赛**。团队内可以按照分销排行设置奖励，还可以在团队内再分小组，以小组为代表进行比赛。

（3）**树典型**。在团队为榜样树立典型，让团队排名较前的队友分享经验，做成荣誉海报，甚至发到公众号等渠道进行宣传，让其他队友学习。

（4）**谈感情**。所有的队友也可以当成朋友来看待，多私聊沟通，谈心，平时互相扶持和帮助，礼物互通。

（5）**激励团队**。每天早上在活动之前都有必要对群成员进行鼓励，特别是分销前，可以在群内发红包激励大家。

3. 策划分销

个人分销、团队分销介绍完之后，下面介绍策划分销。策划分销有7个核心的步骤。

（1）**明确分销目标/指标**：如本次互动要分销卖货100单。

（2）**设置分销规则奖励**：一般设置在50%左右，具体取决于行业和活动情况。

（3）**制定活动分销方案**：分销方案一般是给自己的团队或者老板看的，所以要写出活动投入和产出，以及具体怎么做、为期多长时间、需要什么资源和支持等。

（4）**准备分销活动物料**：物料包括分销流程、参与步骤、海报和转发文案等。

（5）**寻找参与分销的KOL**：这一步很重要，即要找到一起分销的人，并谈好分销比例。

（6）**引入分销活动社群**：将分销者拉进群内进行简单培训。

（7）**正式启动分销活动**：正式跑渠道，开始走分销。

在以上7个步骤中，笔者重点介绍分销方案，其一般包括7个部分。

（1）**分销推广目标**：如分销目标为卖货1万份，最低卖货7 000份。

（2）**明确分销推广阶段**：阶段一、阶段二、阶段三……细化并明确每一阶段对应的目标和策略，不同阶段可能采取的分销策略不同。

（3）**分销推广措施**：写出具体的推广方法和措施。

（4）**分销渠道策划**：如分销所投放的渠道有哪些、应该找到哪些KOL来分销等，并将其简单罗列出来。

（5）**分销工作分配**：分销过程中的工作如何分配。

（6）**分销成本预算**：分销需要的成本大约是多少。

（7）**分销备选预案**：可以根据不同推广阶段添加预备方案。

接着介绍分销细节文档，这是写给参与分销的人看的，一定要非常简单明了。分销细节文档的结构包括以下 5 个部分。

（1）介绍分销产品背景。

（2）介绍分销利益规则。

（3）写出分销操作步骤。

（4）填写具体分销资料。

（5）提供分销海报/话术。

当以上方案和细节文档都准备好以后，即可启动分销团队。启动分销团队分为以下 5 个步骤。

第 1 步：通过分销邀请拉群。

第 2 步：反复通知分销玩法。

第 3 步：发红包刺激分销者。

第 4 步：群内队友晒收款单。

第 5 步：树立典型分享经验。

先从朋友圈导流分销队友到群里，然后在群里发布分销玩法和流程，发红包激励大家复制文案和海报分销，同时在群里树立典型，把分销成功的案例发在群里，为大家分享分销秘诀。

笔者认为，不管是分销卖货、团队卖货还是策划卖货，都需要经历很长一段时间和活动策划之后才可以慢慢提升分销带货能力。

最后，在策划分销活动时建议大家避开以下 4 点。

（1）**价格太高，分成太低**：建议定价 29~49 元，设置分成为 50%。

（2）**成本很高，效果很差**：分销奖励规则设置要合理。

（3）**没有测试，急于投放**：小流量池做 AB 测试再投放。

（4）**没有备案，风控不足**：做出备选方案，随机应变，如分销的域名会不会被封、有没有更多备选方案等。

除此之外，如果想长期分销且不让人反感，那么可采用以下基本方法。

（1）**克制**。只分销好产品，且要选准时机再分销。

（2）**节制**。要适当地分销，不能过于透支。所以，当我们看到好产品时，不要有好时机就去分销，而是要做到不能太频繁，如一个月只做一次大的分销。

（3）**自制**。要控制自己，不要到处炫耀分销收益。

能够持续进行分销并不透支的唯一方法就是维护好用户关系,不要总是想"榨干"你的用户,而应给用户提供更多价值。

8.4 找到要传播的点,策划刷爆朋友圈的活动

了解各种裂变方式之后,本节介绍普通人应该如何策划刷爆朋友圈的活动。笔者将其总结为3点,即**解构用户分享动机、找到要传播的点、实操案例复盘总结**。

1. 解构用户分享动机

要想策划一个能够刷爆朋友圈的活动,首先要知道用户分享动机,做到知己知彼。首先思考以下问题:我们平时转发的内容是出于什么动机?为什么要转发?然后思考用户为什么愿意去分享。从认知根源出发,我们要彻底拒绝负能量朋友圈。用户愿意分享、转发的朋友圈一定会具有图8-6所示特点。

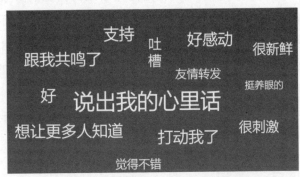

图8-6 用户愿意分享、转发的朋友圈特点

实际上,如果对这些答案进行更深入的挖掘,会发现用户愿意分享的本质原因是:人性的分享基因被激活了。人性的分享基因主要有3个,即**欲望基因、情感基因和大众基因**。

欲望基因包括人的贪嗔痴、稀缺价值、罪恶、情色、自私、傲慢、冲突、妒忌等,它促使我们得到想要的东西。

情感基因包括兴奋、快乐、焦虑、痛苦、惊讶、幽默和同情等,这里不

再一一列举。

第 3 种分享基因是大众基因。人类作为群居动物，天生就会受到彼此的影响。大众基因分为正面基因和负面基因，正面基因有励志、行善、民族精神等，负面基因有从众、共鸣、八卦等。

人性的分享基因是传播活动的本质。营销的本质其实就是洞察人性的冲突，解决人性的需求，甚至创造需求。如果抛弃本质的东西而去追求形而上的方法和工具，那么有可能永远都做不好传播，也就很难能够制造刷屏的朋友圈活动。

驱动用户分享的 5 大发动机包括利己、利他、谈资、形象和情绪。

（1）**利己**。人性的欲望大部分是从自身角度出发的，如利益、贪嗔痴等。从朋友圈的角度来看，对利己最简单的理解为：我转发这条朋友圈之后能赚到钱吗？

（2）**利他**。人类因为有着大众基因，有时内心的善心需要被放大和认可，所以也会比较愿意转发传播一些有价值的干货和帖子，希望可以帮到他人。

（3）**谈资**。大家传播的内容很多时候是可以作为谈资的，当讨论多了就变成了现象级的传播事件，形成热点。

（4）**形象**。我们有时转发一条信息是为了维持自己的形象，甚至是为了满足某种虚荣的心理。例如，人们不愿意转发太丑的海报，而喜欢转发有格调的海报。再如，当我们看到明星和大咖时，总是会忍不住拍照留念，然后发到朋友圈。这些传播行为其实就是为了给自己塑造一种美好的形象。

（5）**情绪**。根据大脑是否受情绪影响，可以将大脑分为逻辑脑和情绪脑，大部分传播击中的是人性的情绪脑，会使人产生冲动的传播行为。所以，激发大众的情绪也是极其重要的传播手段之一。

2. 找到要传播的点

我们在熟悉了人们的传播动机后，接下来应该怎么做呢？首先要找到一个传播基因，接着去找传播点。适合普通人找传播点的方法有节日营销和借势营销。

1）节日营销

每年各个月份都有很多节日，而节日本身就是一个很好的营销噱头。大企业对节日的营销非常看重，每个月都会提前准备节日营销活动。

以晨光文具为例,介绍晨光文具是如何挑选高考这个节点来做传播的。图 8-7 所示为晨光文具利用高考做的海报营销示例。

图 8-7　晨光文具营销示例

首先,晨光文具选择的营销基因是情感,每一个即将离开学校的高三学生都会为师生情、同学情而感到恋恋不舍。

晨光文具借势高考阶段,带上自己的品牌进行传播。这样营销带来的效果是什么呢?高考需要准备文具、文件,而找晨光文具,就是它们的品牌传播诉求。

2)借势营销

借势营销也可以找到要传播的点。借谁的势呢?当然是借名人的势,借事件的势。

借势营销需要把握以下 3 个要点。

(1)**选择新鲜事件或者热点话题**。借势热点一定要快,时间过了就冷了。

(2)**巧妙嫁接和热点之间的关联**。弄清楚你和热点的联系,要巧妙关联。

(3)**结合话题借势传播你的品牌**。让别人因为热点而记住你,传播你。

3. 实操案例复盘总结

实操案例复盘总结也可以理解为故事营销。人都喜欢读故事,特别是读一些热血、煽情、又有情怀的故事。那么,故事挖掘到底有哪些操作要点呢?

(1) **勇敢挖掘痛点、泪点、笑点。** 如果不敢直面自己，基本上就很难将故事挖掘出来。

(2) **设计普通人逆袭的故事模型。** 好故事传播一定是波澜起伏的，而普通人逆袭正是给人一种英雄归来的感觉。

(3) **结合故事传播品牌诉求。** 通过故事传播你想实现什么？是让人埋单还是转发？这些问题都要提前设计好。

接下来介绍一个通过故事挖掘的方法来策划刷屏级活动的案件。

(1) **放大营销传播基因。** 第一步，选择了努力、勇敢、逆袭、亲情、舍得等传播基因。

(2) **找传播点。** 第二步，开始找传播点。笔者找的传播点就是普通人逆袭前夜的破釜沉舟。笔者当时写了一篇文案，大致内容是最近面临着巨大无比的压力。

第一，来自爱情，无法得到女朋友的认可。

第二，来自家庭，大学毕业进入社会之后没有做出成绩，也没有赚到钱，父母不相信我。

第三，事业出现了危机，不能赚到更多的钱，所以要铆足劲做成一件事，希望大家一起帮我支持我。

(3) **利益嫁接。** 第三步，嫁接利益点，给用户的分享加料。别人帮我是情，不帮是理，谁帮忙转发就可以得到9成以上的分销利益。当时很多人就冲着这个去分销了，这种做法其实就是激发人性的欲望——赚钱欲。

(4) **准备活动物料。** 第四步，准备好传播的物料、朋友圈文案等。这一步骤在前文中详细介绍过，这里不再赘述。

(5) **启动传播。** 第五步，发动核心用户和KOL一起传播，各大渠道同步传播，造成一种刷屏现象。

以上即为笔者过去做过的一次比较成功的活动过程，图8-8所示为以上案例的过程图。

第8章 活动：让普通个体快速实现低成本引爆传播

图 8-8 刷屏级活动案例的过程图

通过一些实操经验，笔者总结了几个很值得我们普通人去思考的要点。

第一，洞察人性，洞察需求，解决冲突。

第二，越是没钱没资源，就越要舍得。

第三，广结善缘，每一个人都可能是你的贵人。

第四，保持善良，保持谦虚，保持感恩。

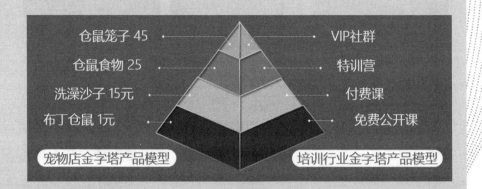

第 9 章

成交力：让好友心甘情愿地埋单还帮你分享

> **学前提示**
>
> 能交易成功是每个商人最欣慰的事，因为这意味着自己的付出得到了回报，这对微商来说同样也不例外。本章将介绍让用户心甘情愿在我们这里埋单并分享的技巧。

> **要点展示**
>
> - 普通人才卖产品，聪明人都在营销自己
> - 学会这 3 招，让好友心甘情愿埋单
> - 3 步成交陌生用户，既复购又转介绍
> - 精准营销目标用户，日赚 1 万元的销售技巧
> - 月入 10 万元 + 的个人商业模式案例梳理

普通人才卖产品，聪明人都在营销自己

你知道你的朋友圈的目标用户是谁吗？

你知道你的朋友圈用户为什么要屏蔽你吗？

你知道你的朋友圈用户为什么会产生购买行为吗？

很多人从来没有认真思考过以上问题，只会日复一日地发广告，这种行为其实是无效的。回到原点，我们先思考，你为什么要发朋友圈？如果想在朋友圈做推广，首先思考以下4个问题。

（1）为什么别人愿意参与你的活动？

（2）为什么要参与这个活动？

（3）为什么会对活动感兴趣？

（4）为什么会注意你发的朋友圈？

如果你是在朋友圈卖货，则应该思考以下4个问题。

（1）为什么别人要找你买货？

（2）为什么要卖货？

（3）为什么会对货感兴趣？

（4）为什么会注意你的朋友圈？

总而言之，无论我们在朋友圈卖货还是推课，正常的反向思考推导就是促使行动、激发欲望、勾起兴趣、吸引注意。

除此之外，还要在关键时刻给用户行动制造决策压力。"物以稀为贵"，越紧缺的资源价值越大。很多时候，当某项资源比较丰富时，我们对它的需求量相对比较少；相反，当资源稀缺时我们会更想得到它，累积价值。例如黄金、紫檀木等，这些东西在资源供给方面有一定的限制性，而正是这种限制性激发了人们想要购买它们的欲望。因为紧缺的东西永远不会失去它本身的价值，即这些稀缺的东西是"值钱"的。

商户们其实也可以把这种心理用在营销中，制造某种商品供不应求的状态，这会让购买者对这种商品充满好奇心并且想尝试购买。

那么卖家应该如何制造资源的稀缺性呢？主要有3点，即限制时间、限制数量和创造氛围，下面详细介绍。

1. 限制时间

限制时间主要是采取一些大折扣、短时间的方式来吸引用户的注意力，并且激发他们的购买欲望。但商户们必须意识到，现在线上营销中的促销活动已经滥觞，群众也不会再轻易被这些折扣活动所吸引。所以，在"限时"活动中，商家应该抓住适当的时机，并且减少优惠的次数，提高优惠的力度，这样才能在众多的线上营销中获得较好的效果。

2. 限制数量

以化妆品为例，圣罗兰的口红有时会出限量版，而且价格相对来说比较昂贵，但是每一次圣罗兰的口红只要进入市场绝对是供不应求。因为每个女人都希望自己能够拥有这样一支限量版的口红，能脱颖而出，有与众不同的颜色。

随着经济生活水平的不断提高，人们开始追求个性与时尚，每个人都希望自己是独一无二的，而限量购买的商品或服务往往能够成为"独树一帜"的物质代表。

商家可以利用人们的这种心理来进行营销活动，将自己品牌中的某种商品定为限量版，标明发售时间，先到先得，商品的销量一定会大大提高。但必须要注意的是，这一方法更适用于相对来说较为高端、高品质、高口碑的商品。

3. 创造氛围

数字相对来说是比较抽象的概念，很多时候，如果没有别人的提醒，我们对数字的敏感度可能并不太高，所以在营销中也必须要注意这一点。商家应该随时提醒用户优惠的力度、优惠时间的流逝、限量商品数量的多少等，给对方造成一种紧张感，觉得"如果再不抓紧时间好东西就白白溜走了"。给用户制造这样一种稀缺感和压迫感，会在一定程度上拉动销量。

但是，用户做购买决策的过程依旧是复杂的。用户在购买产品时通常分为两种情况，即理性购买和非理性购买，如图9-1所示。

第9章 成交力：让好友心甘情愿地埋单还帮你分享

图 9-1　用户在购买产品时的两种心理

所以，我们应回到起点，去了解用户，了解他们的焦虑、麻烦和痛苦，然后思考如何帮助他们，解决他们的痛点。

作为卖东西的人，我们要深刻洞察到用户的真实需求，洞察真正困扰用户的问题是什么，然后结合我们的产品来提供相应的解决方案。但产品并不是用户的唯一选择，普通人才卖产品，聪明人都在营销自己。那么，我们应该如何营销自己呢？塑造良好的形象、人品，让用户对我们产生信任，给用户带来价值，扩大我们的影响力，塑造专属故事，打造情怀，吸引用户。

笔者总结了一个打造朋友圈超级魅力个体黄金模型，如图 9-2 所示。

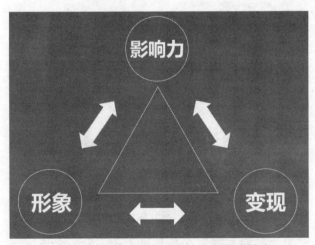

图 9-2　打造朋友圈超级魅力个体黄金模型

综上所述，让用户心甘情愿购买产品的秘诀为**销售策略 + 个人魅力**，即先"卖人"，再卖货。

9.2 学会这 3 招,让好友心甘情愿埋单

很多人对朋友圈赚钱的理解不一样,但是笔者一直认为最好的利用朋友圈赚钱的状态是你的微信好友在你的朋友圈买了你的东西,还能在评论区留言感谢你。所以,本节介绍赚钱的朋友圈需要怎么玩。笔者将其划分为 3 个维度。

(1)掌握高阶转化销售文案的写法。

(2)通过细节影响他人。

(3)不断执行用户忠诚度计划。

1. 高阶转化销售文案的写法

我们先来看第一个维度,即高阶转化销售文案的写法。笔者每天都在观察朋友圈卖货的朋友,结果发现朋友圈就像一个大商场,什么东西都有人卖。然而,笔者 95% 以上的好友的朋友圈都如图 9-3 所示,千篇一律。

图 9-3　大部分卖货朋友圈

图 9-3 所示的这种朋友圈要么是长篇大论,发一大堆文字;要么是广告连篇,全是产品广告的刷屏信息;还有一种情况就是文案中掺杂了太多的表情包。

当你的朋友圈成为大卖场，各种广告铺天盖地时，大家多少都会产生反感心理。久而久之，你的用户就会对你千篇一律的内容感到厌倦、疲惫、反感，进而屏蔽你。还有一些商户直接给朋友群发硬广，结果只会被人删除拉黑。

因此，我们需要掌握科学的销售文案方法论。前文已经简单介绍过这套方法论，即吸引用户眼球、激发用户欲望、赢得用户信任、促使用户埋单。

为了让大家更好地理解这套方法论，本节通过一个案例进行具体分析。为什么很多朋友刷屏推广笔者的课，且大部分卖得很好？如图9-4所示，大家首先感受一下这个文案和平时在朋友圈见过的卖货文案不一样的地方。

图 9-4　文案案例

首先，整个海报的长度+文案已经接近一个屏幕，因为其霸占屏幕的空间大，而且海报还有鲜明的红色，所以会在用户快速刷朋友圈的那一秒快速吸引用户的注意力，可能很多人就会停下来看看这到底是什么。

那么这个文案又是如何激发起人们的欲望的呢？这里有一个关键词："靠朋友圈年入10万元"。这是很有冲击力的，因为大多数人是不利用朋友圈赚钱的，不仅不赚钱，还会浪费大量时间去刷朋友圈。在这种巨大的冲突之下，就激发了人们在朋友圈赚钱的欲望。

那么，我们是如何赢得大家信任的呢？首先，这是朋友圈意见领袖推荐的，很多人会相信意见领袖分享的内容；其次，案例中还有一个关键词"90后大咖真正的做到了"，并且还做出了一门这样的课；最后，朋友圈还有很多人都在刷屏这张海报和文案。在这种情况下,如果是你,你会相信吗?

海报中的"错过就要花99元来买了,现在才19.9元",可以促使用户埋单。文案最后的"人生啊,赚钱才是第一大事啊,不多说了",暗示着这时应当消费,赶紧买。

这个案例对你是否有启发?其实卖货没有那么简单,不是复制总代理的文案和图片,放到你的朋友圈就可以挣钱了。每个人的朋友圈好友需求不一样,质量也不一样,收入也不能同日而比。但是那些能够卖好东西的人,一定是把简单的销售原理用到极致的人。

如果你也想练好基本功,笔者建议你这样去学习:首先,去朋友圈里找到3~5位你认为文案写得很好的人,并且不断地去模仿;其次,在模仿的同时自己做一些优化改良,不要完全抄袭别人的;最后,自己写了一段时间后,总结和归纳出一套属于自己的销售文案方法论。

笔者一直认为打造热卖的朋友圈,销售只是很普通的一种手段。因为朋友圈赚钱,不仅仅是做"一锤子买卖",今天你把别人"榨干"了,明天他就把你拉黑了。当你一旦被人拉黑、删除和屏蔽以后,你发出去的内容就如同对着空气说话,以后就再没有机会从这个好友赚到钱。我们的最终目的是源头有活水,要有源源不断的收入。

2. 通过细节影响他人

通过细节也可以影响朋友圈的人。在此,笔者推荐3种非常常用的方法,这几种方法源自一本书——《影响力》。

(1)喜好原则。喜好原则是指人们经常会根据自己的感觉来评判喜不喜欢某一样东西,如人天生就喜欢看到美的事物,如美景、美食等;同时,也会抵制一些假、丑、恶的事物。一些微小的细节,会直接影响到别人对你的感觉。

(2)互惠互利。要做好互惠互利,需要经常主动为对方考虑,主动帮助对方,主动给对方提供利益。

以笔者自己为例,笔者的微信好友比较多,且笔者会非常主动地维护与优质好友之间的关系。例如,主动和大咖聊天,看他最近有没有什么项目要做,一旦发现他有需要笔者帮忙的地方,笔者便会毫不犹豫地在背后支持他。这样下来,笔者就拥有了一些很好的朋友。你如果也经常需要卖东西,那么这种细节的人脉关系维护是非常有必要的。

（3）**高度认可**。我们在同一个行业一定会遇到和你站在同一条战线上的人，那么作为朋友，我们可以多多支持他们，如点赞、留言区真诚互动、鼓励等。

笔者经常会看到很多学员朋友圈，于是笔者经常给学员点赞、加油鼓励，主动公开表扬某同学，特别优秀的还会发朋友圈支持，以此激发学员的成就感和荣誉感。

通过这种持续不断的细节影响，用户的忠诚度就会慢慢提高，让一部分人愿意一直跟随你，和你一起玩。

3. 不断执行用户忠诚度计划

另外，我们还要不断执行用户忠诚度计划。

如何执行用户忠诚度计划呢？

首先，主动给优质用户提供福利，如笔者就经常给学员送课，将69元、99元的课免费送给他们。

值得一提的是，如果要执行这种计划，一定要晒出来，秀出来，让所有人都看到你的付出，否则就相当于做无用功，因为不晒出来别人是感受不到你的真诚和价值的。

其次，主动为用户解决问题。如果从朋友圈看到了用户的问题，可以立刻私信他并提供最专业、最真诚的解决方案。因为你的出现犹如救人于水火，所以其价值比送礼物可能还要大。

最后，给用户赚钱的机会。笔者建议大家多留意身边的朋友，除了提供帮助以外，还要尝试给他们提供赚钱的机会。如果能够帮到更多人赚钱，就是皆大欢喜的事。

总而言之，三流的买卖靠销售，二流的买卖靠影响，一流的买卖靠感化，而不入流的卖货靠朋友圈硬广。做一个有心的人，永远不怕赚不到钱。

9.3 3步成交陌生用户，既复购又转介绍

只让好友在我们这里埋单是远远不够的，将陌生用户转化为我们的忠实用户也非常重要。人脉经营和粉丝经营的方法不同，人脉经营需要我们更加

用心地对待和维护,不仅要仔细地发掘对方的需求,还要用心地满足对方的需求。

在微信朋友圈营销中,维护好与用户之间的关系是营销运营得以持续和发展的关键。在现代信息社会环境中,稳固好用户关系应从3个方面着手。首先对朋友圈用户进行分类,如图9-5所示。

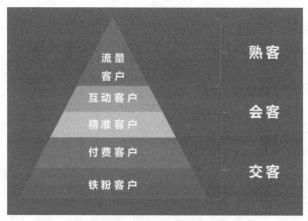

图9-5 朋友圈用户分类

1. 熟客:了解和洞察你身边的用户

首先是熟客,熟客即熟悉用户。我们在添加新用户成功后,不要急着去聊天,而是先通过微信形象迅速了解用户,如通过头像、昵称、封面、签名等微信形象初步判断用户的层次;接着,从用户的朋友圈深入读取用户背景和信息。7个了解用户的方向如图9-6所示。

内容类型	生活类	事业类	观点类	社交类	干货类	坐标类
客户背景	生活质量	行业岗位	文化程度	社交层次	专业程度	城市地区

图9-6 7个了解用户的方向

这样一来,我们就基本能够描绘出用户画像,对用户的性别、年龄、爱好、职业、地区、收入、特征、痛点、需求等也有了一个大致的了解。从用户的朋友圈分析用户的显性需求时,有3个细节需要注意。

(1)用户直接发出的问题请求。

(2)用户朋友圈的内容中隐含的问题。

（3）用户在5天内在朋友圈发布同类型最多的内容是什么。

总之，要在加到陌生客户的几十分钟内了解用户画像，熟悉用户。

2. 会客：用用户愿意接受的方式沟通

熟悉用户之后，接下来要做的就是会客，我们要用用户愿意接受的方式去和他们沟通。那么具体应该怎么做呢？主要有3个步骤：**礼貌开场、自我介绍、伺机引诱**。

那么自我介绍应该怎么做才得体呢？笔者在这里和大家分享一个自己的自我介绍模板，大家可以借鉴，根据自己的实际情况进行改动。在自我介绍中只需体现**姓名昵称、所在城市、负责项目、擅长领域、拥有资源、能够给别人提供的帮助**6个要点即可，如图9-7所示。

图9-7　自我介绍模板

那么如何引诱对方透露更多的信息呢？这里同样有一个话术模板，如图9-8所示。

- "以上介绍方便您备注，如果方便也发一下您的介绍哈。"
- "这是我2个版本的自我介绍，你觉得哪个更好？"
- "初次交友，要不一起交换下个人简介吧？"

图9-8　话术模板

另外，还可以根据不同的用户选择是否要发出会面请求，如果用户不回应则不再打扰，并做好标签备注。如果用户有所回应，那么初次会客，我们应该如何洞察他人所想呢？用户的类型主要有以下 6 种。

（1）**说话就事论事型**为人正直，但是有时会很死板。

（2）**说话经常跑题型**支配欲强，但是缺乏思考逻辑。

（3）**喜欢花言巧语型**奉承巴结，需要时时提醒警惕。

（4）**背后论人隐私型**聆听就好，适当转移话题方向。

（5）**喜欢标新立异型**很有风格，需要给予表现机会。

（6）**总是犹豫不决型**瞻前顾后，放大痛苦销售未来。

总而言之，我们会客的核心目的是**筛选愿意付费用户**。

3. 交客：和用户交朋友的同时顺便做生意

最后一步是交客，交客即与用户交流。在构建微信朋友圈流量池时，这一步尤为重要。在此，笔者分享几个培养交客好感的技巧。

（1）**熟悉感培养**：每隔一段时间给目标用户点赞。

（2）**认同感培养**：每隔一段时间给目标用户评论。

（3）**信任感培养**：每逢用户重要节日亲自送祝贺。

（4）**信赖感培养**：一发现用户需求，立刻按需提供帮助。

接下来介绍一个概念：DISC。DISC 是一种人类行为语言，其将人的 4 种基本性向因子，即 Dominance（支配）、Influence（影响）、Steady（稳健）、Compliance（谨慎）以复杂的方式组合在一起，构成了每个人独特的性格。

我们可以基于 DISC 风格熟悉并了解不同的用户，如图 9-9 所示。

图 9-9　DISC 的不同风格

接着，我们可以利用基于 DISC 的性格特质用用户喜欢的方式和语言去和用户沟通。参照图 9-9 中 DISC 的不同风格，笔者总结了对应的话术，具体如图 9-10 所示，大家可以根据实际情况具体分析。

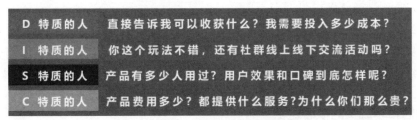

D 特质的人	直接告诉我可以收获什么？我需要投入多少成本？
I 特质的人	你这个玩法不错，还有社群线上线下交流活动吗？
S 特质的人	产品有多少人用过？用户效果和口碑到底怎样呢？
C 特质的人	产品费用多少？都提供什么服务？为什么你们那么贵？

图 9-10　DISC 对应的话术

同时，我们在个人微信中要对用户进行标签化管理，为之后进行精准营销做准备。通过标签，我们可以对用户进行精准朋友圈分组可见推送，还可以直接一对一给他们群发内容。

除此之外，给我们点过赞的用户，下一次我们可以对他们做一次统一回复，推送文案广告，这样对方可以在朋友圈收到提醒，点开即可看到你的文案广告，具体如图 9-11 所示。

图 9-11　为用户设置标签

在微信中一次买卖也许是冲动，只有人情往来才最持久。所以，我们一定要做好标签化管理，具体私聊技巧笔者将在下一节详细和大家分享。

9.4 精准营销目标用户，日赚 1 万元的销售技巧

当我们把陌生用户转化为熟悉用户之后，还要对准目标用户进行营销，其中最直接的方法就是和目标用户进行一对一私聊。本节将从 4 个方面分析通过私聊实现日赚 1 万元的技巧。

1. 微信私聊成交的核心逻辑

首先，我们要知道微信私聊成交的核心逻辑，即不能刚加微信就想成交，而是要忘掉卖货，先交再成。我们在与用户成交时要有这样一个高级思路，即**交集—交流—交往—成交—交情**，具体如下。

（1）交集。交集就是通过某些重合的社交纽带进行关联，如图 9-12 所示。重合的社交纽带有可能来自共同微信好友、同时关注一个大咖、相同的兴趣爱好、相似的背景和经历、相似的行业和工作。

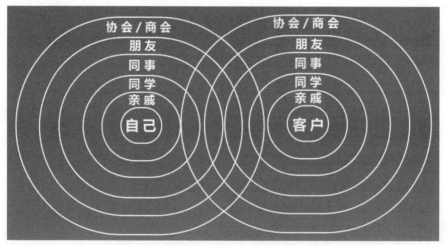

图 9-12 通过重合的社交纽带进行关联

（2）交流。交集为交流创造了一种天然的归属感和信任感，那么我们要如何与用户进行交流呢？笔者总结了 3 个方面，即了解、洞察和话题。

①了解：从朋友圈内容详细了解对方的信息。

②洞察：从信息中洞察用户的核心需求。

③**话题**：从相似的背景信息中找到共同点。

（3）**交往**。交往即与用户有深入的交互，如图9-13所示。

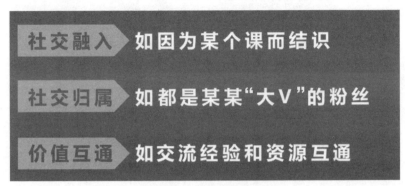

图9-13　3种交往模式

（4）**成交**。成交即首次发生的价值交换。

（5）**交情**。让用户向你持续复购和转介绍的关键点主要有3个，即情感交流、情感投入和情感联络。

2. 首次私聊怎么打开交流话题

好的微信开场是成交的开始，但有些商户不知道如何和陌生用户进行交流。图9-14所示为6种与陌生用户开场的话术技巧和案例。

- **熟悉纽带**：看您平时也在关注……刚好，我也是
- **赞美对方**：您是这方面的专家，特别想和您交流……
- **熟人关联**：我是通过某朋友跟您联系的，说您最近想……
- **出选择题**：这是我的2个自我介绍，您觉得哪个好……
- **找到共鸣**：对于……，不知道您是怎么看待的……
- **客户关心**：听说您也很头疼……

图9-14　6种与陌生用户开场的话术技巧和案例

除了掌握基本话术之外，更好的方式是让用户先对你的内容感兴趣，直入主题。例如，在朋友圈或社群中发布相关内容，吸引相关用户，如图9-15所示。发布精准内容之后，通过私聊达到成交目的，如图9-16所示。

图 9-15　发布精准内容吸引用户

图 9-16　通过私聊达到成交目的

3. 微信成交常见的问题解决方案

通常来说，即使有了用户基础，但是在达成成交之前往往不会那么顺利，还是会遇到一些问题。下面具体分析商户在微信成交时会遇到的 3 个主要问题以及解决方案。

（1）**用户嫌贵怎么成交？** 一般来说，价格只是犹豫的借口，我们要**分析用户的隐含诉求点在哪里，针对性地满足用户真正的核心需求**。图 9-17 所示为一步步让嫌贵的用户埋单的实际案例，这位用户说没钱是借口，他的核心需求是翻倍赚大钱。

第9章 成交力：让好友心甘情愿地埋单还帮你分享

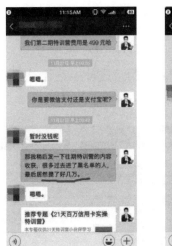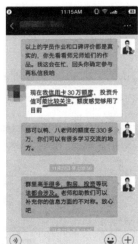

图9-17 让嫌贵的用户埋单的实际案例

（2）快埋单时，用户说没钱怎么办？常常有学员向笔者反映，和用户沟通，花费了大量时间快要成交时，用户会说"今天微信没零钱了，明天存款进来再买吧"。总之，用户没说产品不好，也不说贵，就是拖着。其实，该问题的解决方案特别简单，如**直接体验，明天再补款**；**要到地址先发货试用装**；**拍订单发货，等待付款**。

（3）用户说"我考虑一下"时，怎么成交？一般遇到这种情况时，用户核心的点不是买了有什么好处，而是买了有风险怎么办。解决该问题主要有4种方法，即给用户灌输这是正当消费的思想、规避损失、制造稀缺感、欲擒故纵，如图9-18所示。

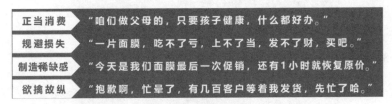

图9-18 解决方案

总而言之，私聊成交的核心技巧共有4点，如下。

（1）洞察核心需求。

（2）按需对症下药。

（3）塑造高价值感。

（4）降低付费门槛。

4. 成为微信销售高手的4个小技巧

要想成为一个微信销售高手，可采用以下4个小技巧。

（1）微信用户精细化标签管理。对用户进行标签管理，不仅可以细分用户层次和进度，还可以精准营销，如图9-19所示。

图9-19　微信用户精细化标签管理

（2）精细化记录和分析用户聊天进度与问题，如图9-20所示。

用户 第N次沟通	用户A	用户B	用户C	用户D	用户E
用户沟通进展					
遇到核心问题					
备注					

图9-20　精细化记录和分析用户聊天进度与问题

（3）数据化跟踪用户/代理销售数据，如图9-21所示。

用户	用户A	用户B	用户C	用户D	总计
商品成本					
利润					
月销量					
退货量					
净销量					
其他成本（含运费）					
总收入					
总利润					

图9-21　数据化跟踪用户/代理销售数据

（4）无论成交与否，都要做阶段性的复盘，如图 9-22 所示。

用户成交复盘				
基本信息	复盘主题			
	复盘时间			
	复盘人员			
	复盘用时			
复盘	回顾目的和目标	目的		
		目标		
	评估销售成交结果		分析原因	总结经验
	亮点			
	遗点			

图 9-22 做阶段性的复盘

灵活掌握并运用以上 4 个技巧，慢慢积累用户，日赚 1 万元很简单。

9.5 月入 10 万元 + 的个人商业模式案例梳理

互联网最重要的是赚钱底层逻辑，其等于个人信任程度乘以被你影响的人数。信任程度决定了你的互联网收入下限，而被你影响的人数则决定了上限。

提到"收益"这个词，就不得不提到盈利模式。全球著名的管理学专家彼得·德鲁克先生曾经说过："21 世纪，人与人之间的竞争，已经远远不止产品与产品之间的竞争，更多的是盈利模式之间的竞争。"

大部分普通人的收入可能只是固定工资，拿时间去换钱，没有基础的个人产品。而有的人却已经早早拥有了自己的产品，并且拥有了比产品更有价值的一整套盈利模式，他们可能只靠这些盈利模式就会衣食无忧。所以，盈利模式对每一个普通人而言，都是直接关乎到个人利益的。

特别是在如今互联网时代的冲击之下，有的人甚至只靠一台手机就能获得不错的收益。过去，我们做生意的逻辑大多是"羊毛出在羊在身上"，你有什么就直接卖给你的用户，这是一种最常见的方式。然而，在互联网时代，这种单一的盈利模式却被打破了。下面来看一个案例。

某品牌的睡衣的销售策略和传统睡衣的销售策略不一样，原价为188元的睡衣可以免费送给买家，而买家只需要花费23元的邮费。对比188元和23元，如果是你，会不会买？

188元的睡衣免费送，如果按照常规的思维理解，卖家一定亏大了。而实际上，这家睡衣公司一年的净收益是7 000万元。那么，它们是怎么赚钱的呢？

首先，它们找到做睡衣的工厂，一年批量订货1 000万单，把生产睡衣的成本压缩到8元/条。接着，它们又去和快递公司谈合作，签合约，把快递费用压缩到5元/件。最后，为了宣传睡衣，它们又去找一些网站免费做广告。其具体方法是：与广告方说，这里的睡衣免费给你们卖，每件让出3元的利润。谈拢上百家这样的网站后，这家睡衣其实已经实现了免费打广告的效果。

到这里大家应该已经明白了睡衣是怎么赚钱的。卖家付23元邮费，减去8元生产费、5元快递费、3元广告费，还剩下7元的纯利润。它们一年做的是1 000万件的大订单，在薄利多销的情况下，总利润就达到了7 000万元。

这个盈利模式确实非常好，但是我们怎么将其应用到朋友圈的场景里来玩呢？下面再举一个笔者在朋友圈看到的真实案例。

有一个女生在朋友圈卖保温杯，大容量保温杯扫码免费送，推荐5位朋友加微信，再另付10元邮费就可以免费获得价值39元的保温杯。看到这里，大家是不是感到很熟悉？你是否会想到从这里找到一些卖货的突破口呢？

其实，该盈利模式本质上都是靠打免费产品的牌，赚的是渠道的差价，看似没有直接从消费者身上赚钱，但是他们可以从生产和邮递等渠道上压缩成本来赚钱。对消费者来说，拿免费的东西也会更愿意为邮费埋单。这就是盈利模式的威力。

接下来，笔者主要从4个方面来介绍如何构建朋友圈盈利模式。

1. 产品盈利模式

产品盈利模式种类很多，这里主要介绍两种主流的产品盈利模式，即金字塔产品盈利模式和问题解决盈利模式。

1）金字塔产品盈利模式

笔者之前在一家线下实体店看到过这样的盈利模式。它们店里卖仓鼠，一个非常可爱的仓鼠只需要一元钱。顾客往往会非常心动，然后决定买一只回家养。买了仓鼠后发现仓鼠要吃东西，要买食物；随后又发现仓鼠要洗澡，于是又买了洗澡沙子；然后又发现仓鼠需要有自己的屋子，于是又买了仓鼠笼子。

粗略一算，顾客虽然还没有离开宠物店，但已经花了86元。本来以为1元就能搞定的事情，最后发现好像被"套路"了，花了86元。这就是金字塔产品盈利模式带来的效果。

除了线下有这种玩法外，线上类似的玩法也并不少见。我们经常可以看到××免费学习班可以入群免费听课，并送礼物。我们听完免费课之后，发现好像还不错，于是在对方推出一些付费课时便开始花钱买课。上完课之后，发现学习还是不够深入，于是继续花钱买训练营和年费社群等。

其实，金字塔产品盈利模式从本质上来说，是通过提供免费的产品和服务为消费者带来价值，从而一步步引导消费者购买我们的产品，如图9-23所示。前期免费的产品就变成了引流产品，后面高端的产品就变成了现金流产品。

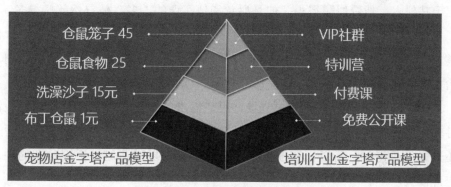

图9-23　金字塔产品盈利模式

看到这里，你是否想到如何联系你的不同价格的产品来设置金字塔梯度性呢？实际上，笔者经常会看到很多朋友会把这套盈利模式颠倒过来，即一开始就卖999元的产品，在没有用户基础，也没有足够信任背书的情况下，直接就把用户"吓跑"了，最后成交概率也会大打折扣。

2）问题解决盈利模式

问题解决盈利模式即要找到用户，了解他们的真实需求到底是什么，并解决问题，满足他们的需求。

例如，朋友圈有很多卖眼宝的微商，那么用户的真实需求是解决安全用眼的问题。反过来思考，用户选择的解决方案除了眼宝之外，还有什么？如眼药水、眼部医疗仪器，甚至直接去医院治疗等。

作为卖东西的人，我们要深刻洞察用户的真实需求，洞察真正困扰用户的问题是什么，然后结合产品提供相应的解决方案。

这种底层逻辑的模式是**以用户为中心，而不是以产品为中心**，从问题出发提供解决方案。这也就意味着，如果你能解决别人更多的问题，解决别人更痛的问题，解决同行不能解决的问题，那么你就能赚得更多。

2. 价格盈利模式

价格盈利模式有两种。其一是**价格返利模式**，如导购、团购、满减等。我们去餐厅吃饭，经常会收到下次消费的优惠券，那么是否可以把这个套路应用到朋友圈进行卖货呢？

笔者曾见过一个案例，有一个朋友在朋友圈推广课程，所有人都在推课，扫码学习。他和别人不一样，他直接说扫码学习即可获得30元现金红包。相比于其他人，他看似赚得少，但是愿意和他买课的人多，他自然就赚得多。

其二是**动态定价盈利模式**。与动态定价对应的是静态定价，动态定价也是非常常见的。例如，每年中秋节前夕都有很多人在朋友圈卖大闸蟹，刚开始卖时大家价格都差不多，但是临近中秋，就会发现他们的价格都上调了。

动态定价会根据不同时间节点、用户需求的强弱程度来定价，越是关键时刻，用户需求越强。例如，每年春节很多地方的机票都会涨到全价，而且还未必能买得到。所以，在朋友圈卖货时，也可以借鉴这种不同时期的动态定价模式。

3. 渠道盈利模式

很多人的微信其实并没有太多人，要想批量卖货非常难，那么应该怎么办呢？**找渠道**。下面介绍两种渠道盈利模式。

1）中心渠道模式

中心渠道模式即找到相应的KOL，只要能撬动KOL帮忙传播产品卖货，你就能够得到很大的利润。

例如，之前很多人在朋友圈刷屏网易分享课，他们使用的模式就是中心渠道模式，通过撬动一部分KOL传播课程，让KOL引爆潮流，越来越多的普通用户就会跟风转发。

那么，他们到底是如何撬动KOL的呢？一开始他们设计了KOL推广的奖励玩法，每10个KOL组成一队。小组第一名获得1万元奖金，第二名获得5 000元奖金，第三名获得1 000元奖金。有了这样的奖励机制，马上就刺激了想要通过分销赚钱的KOL。通过这种方式，整个活动在前期就被轻松引爆。图9-24所示为朋友圈刷屏部分截图。

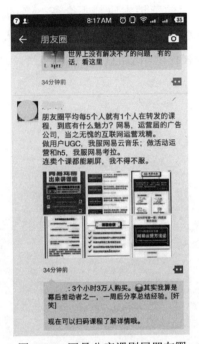

图9-24　网易分享课刷屏朋友圈

对于普通人来说，中心渠道模式也具有非常重要的借鉴意义。有产品不一定要自己卖，可以找KOL一起卖，只要洞察到KOL的需求，谈拢合作方法，你也能撬动KOL的流量为你所用。

2）渠道倍增盈利模式

除了中心渠道盈利模式外，我们还可以在该基础上进行扩张，打造渠道倍增盈利模式。例如，一开始找一个KOL，然后根据相似用户聚集进行渠道倍增。

你的目标用户聚集在哪里，你就去哪里做渠道倍增，不要只盯着你的个人朋友圈，朋友圈是非常有限的。

4. 促销盈利模式

最后一种模式是促销盈利模式，如常见的折扣促销盈利，每年的双十一活动是我们都熟悉的，大家都会在这个节点积极购物。那么，每逢重要节假日，我们是否也可以去做促销活动呢？

除此之外，还有优惠券活动，如课程原价是99元，但用了优惠券后就只需69元。看起来是顾客获得了实惠，但是通过促销产品，商家走量多，他们的盈利其实要比平时更多。

总而言之，任何时代的营销本质都不会变，变的只是营销场景、渠道和相应的营销手段。要想掌握营销本质，我们就要回到人的身上，去理解人性，再结合不同的营销场景来提供相应的解决方案。

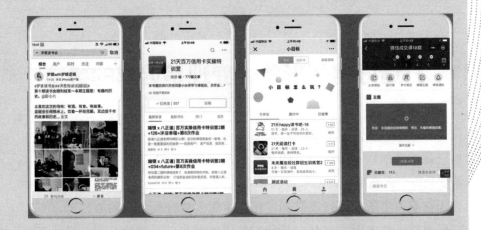

第 10 章

影响力：建立个人品牌，打造你的个人 IP

> 学前提示

通过前文的引流吸粉，我们可以慢慢积攒自己的私域流量，也许可以收割一批流量红利，但是长久下去往往会竭泽而渔。

因此，我们需要同时打造自己的个人 IP，结合私域流量和个人 IP 来实现更加长久的变现运营。

> 要点展示

- 打造好信任形象，变现是迟早的事情
- 4 种办法让你在群聊中获得用户信任
- 在朋友圈做造势营销，彻底打响个人品牌
- 通过分享，百倍放大个人影响力
- 每天 3 条朋友圈，手把手教你成为朋友圈意见领袖
- 6 大 IP 运营，用私域流量池撑起自由

10.1 打造好信任形象,变现是迟早的事情

根据数据显示,用户平均每天在微信上至少花3个小时,且每隔3~5小时就会刷一次朋友圈,而微信朋友圈又恰恰是用户与他人进行社交互动最密集和频繁的地方。人在哪里,商机就在哪里。

当你还在刷微信朋友圈打发时间,还在用朋友圈抒发自己的心情时,有人已经悄悄抓住了朋友圈的红利,开始有秩序地运营自己的朋友圈,实现了人脉财脉双丰收。

下面分享一个真实案例,笔者的学员小紫通过学习以及自身的努力,通过微信流量池,半年内就从月入几千元达到了月入5万元的成绩。

我是在2018年10月,还是个微商小白的时候遇到了端银老师,当时我的微商事业刚刚起步,知道朋友圈的重要性,却非常迷茫,不知道从何下手。于是我购买了端银老师的《你的朋友圈价值百万》,对朋友圈有了一个全新的认识,我开始很注意我发的每一条朋友圈,并且给自己新拍了一个老师提出的正面清晰的照片。

之后进入端银老师的1.0社群,成为年会员,学习到了更深入的内容,做了一次作业,把自己全面重新定位,梳理了一下自己。在老师的引导下,我对自己的发展方向更加清晰了。我逐渐开始重视个人品牌的打造,更换了两次专业的形象照,每一次都会带来很好的反响,也更换了个人定位的朋友圈背景,这些操作为我的事业推了一把力。我是一个坚持不懈的人,慢慢地,我在朋友圈里呈现的不仅仅是产品,更是将个人的生活以及理念体现在朋友圈中,并且按照老师的建议,每天有固定板块的内容出现。

个人品牌的打造和不断改善让我逐渐看到了成效,我除了成交很多熟人朋友以外,还很成功地吸引了很多陌生用户来买东西。陌生用户的信任感来源于我的朋友圈,他们认为,一个坚持做一件事情或者几件事情并且几百天不间断的人是可靠的,是值得去相信的。

后来吸引到想创业的朋友,因为他们看到我逐渐收获成绩,有格局,销

售能力越来越强,也看到了一个事业和家庭双丰收的榜样,他们也想成为这样的人,所以加入了我的团队。这也是从端银老师那里学来的,及时呈现自己的上升势能,让别人感受到你的能量。

这份微商事业,我从小白到全国总代,从月入几千元到月入5万元,用了6个月的时间。一路走来,端银老师是我的指路人,同时我也是一个非常爱学习和践行的人,因此才会在这么短的时间内拿到一个不错的结果。

现在我的团队发展也非常顺利,团队的架构很稳,并一直处于上升趋势。格局和思维很重要,有端银老师引导,我避免了很多弯路。

由此可见,在朋友圈打造一个高分形象,能让用户更加信任我们。那么我们应该如何建立这层信任呢?

除了通过表面形象、内容规划、内容呈现来强化个人形象外,还可以通过朋友圈封面来打造个人形象。

朋友圈封面就像是个人的巨幕广告位,但大多数人的朋友圈封面却不堪入目,如封面有留空、封面太模糊、封面脏乱差、封面是广告,这都是十分不可取的。

只有用心设计过的朋友圈封面才会直接给你加分。当我们看到用心设计的朋友圈封面时,常常会有不一样的视觉感受。

如图10-1所示,这种用心设计的朋友圈封面颜色对比鲜明,和头像保持一致,字体也足够大,而且不和头像重叠,给人的感觉就是定位清晰,画风简洁协调。

一个好的朋友圈封面的设计应该具备以下4个标准。

(1)大小:1 280像素×1 184像素。

(2)文案:简短、字体够大。

(3)背景:纯色、干净、统一头像。

(4)风格:统一各大平台形象。

了解了设计朋友圈封面的标准之后,具体要怎么做呢?在这里介绍4个打造朋友圈封面的策略。

策略1:秀品位

我们要呈现具有美感的东西,通过美观、高大上的朋友圈封面,别人会觉得你是一个比较有品位的人。

图 10-1 朋友圈封面设计案例

策略 2：秀三观

人和人沟通讲究志同道合，我们都喜欢三观正的人，并喜欢和他们交朋友。对此，我们可以在朋友圈相册文案中传达自身观点、态度或想法，如图 10-2 所示，这样的封面很容易感染到别人。

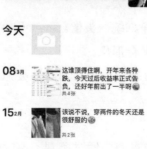

图 10-2 笔者朋友圈封面

策略 3：秀成绩

秀成绩即展示过去做出的成绩，有过什么与众不同的地方。例如，有些人出过书，就会把自己的书皮封面放在朋友圈封面，让别人知道他出过书，在某领域很有才华和实力，如图 10-3 所示。

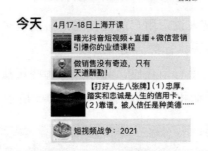

图 10-3　秀成绩

这样的朋友圈封面展示，会让人觉得这个人比较权威、可信。

除此之外，还有一些人参加过某些大型节目或曾出席过某大型活动，他们就会把自己在台上的照片做成朋友圈封面。

这种做法隐含的意思很明显，写过书、被人邀请到比较高端的场合、和厉害的大咖做朋友等，都会让人觉得你比较厉害，从而产生信任感。

策略 4：秀品牌

秀品牌也是一个很好的方法，将品牌信息体现在朋友圈封面，或者专门设计动漫 IP 头像，彰显企业的品牌形象。总而言之，打造朋友圈封面的核心价值就是在展示个人价值，传播个人品牌诉求。

以上即为 4 种打造高分形象的具体方法，结合打造头像、签名的方法，能让用户更信服我们，为卖货制造良好开端。

10.2 4种办法让你在群聊中获得用户信任

对普通人而言，玩微信群有两种思路，即自建微信群和混入微信群。这两种思路有各自的优缺点和适合人群，如图10-4所示。

思路	自建微信群	混入微信群
优缺点	有更多赚钱机会，但运营难度很大	借用他人流量池，操作相对被动
适合人群	适合专业运营团队	绝大部分的个体、创业者等

图10-4 玩微信群的两种思路

从自建社群的角度来说，用户的信任度是与生俱来的。作为群主，我们只需按照群策划的玩法去执行群活动就可以了。

那么，让微信群变得有信任感，具体都有哪些玩法呢？主要有3步，即打破陌生感、规律群活动和行动群文化，如图10-5所示。

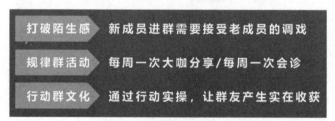

图10-5 自建群的玩法

从混群的角度来看，获得信任感有4种途径。

1. 首次群自我介绍

刚进群时，我们可以发红包暖场，然后进行自我营销介绍，最后谦虚打招呼退场。自我介绍的结构如下。

- 我是谁？
- 我是做什么的？
- 做出了什么成绩？

- 为什么值得你添加?

图10-6所示为优秀自我介绍案例模板,包括昵称、坐标、职业、爱好、价值观、成就事件等。

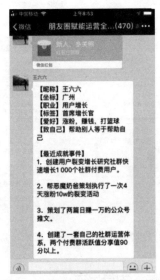

图10-6 优秀自我介绍案例模板

2. 在群里多发红包,发出信任感

发红包不是随随便便地发,也不是白发。发红包前我们要了解以下3个问题。

(1)发红包有什么类型?红包类型包括签到红包、求助红包、感恩红包、节日红包、欣赏红包、鼓励红包、奖励红包、抽奖红包、任性红包、狂欢红包等。

(2)发红包应如何选择时机?选择好发红包的时机可以显得更有信任感,可以选择4个时机,即气氛低迷救场红包、喜庆欢喜祝贺红包、欣赏鼓励认可红包、长期坚持节假红包。

(3)发红包要注意什么?

红包要有来头:师出有名,找到发红包的理由。

红包金额恰当:发红包搭配,人均不少于1元。

定向红包私发:定向红包私发,避免抢走尴尬。

3. 多做价值观点和干货分享

做价值干货分享也有3个注意事项,即要和微信群主题相近、有实在借鉴参考价值、不要带明显导流标向。图 10-7 所示为价值干货分析话术模板。

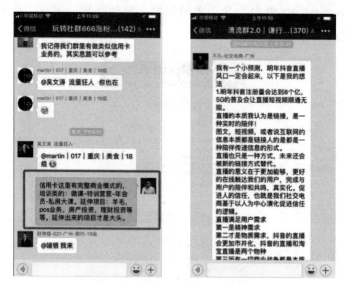

图 10-7　价值干货分享话术模板

4. 主动申请成为社群管理员，为群出力

申请社群管理员也是一种能够让大家相信你的捷径。那么具体应该怎么做才能顺利成为一个群的管理员呢？首先主动向群主说明来意，主动申请成为管理员，争取成为微信群联创。

除此之外，我们还可以在微信群内做价值分享。图 10-8 所示为社群嘉宾分享流程。

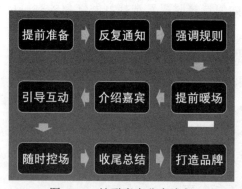

图 10-8　社群嘉宾分享流程

例如，如果我们要做一次社群图文＋语音分享，首先要做好准备，然后

第10章 影响力：建立个人品牌，打造你的个人IP

开场和群员分享内容，接下来互动答疑，最后进行总结。微信群内容准备参考流程如下。

选题：要选择具有高频、刚需、痛点、针对性等特点的选题。
痛点：要从痛点或真实场景切入。
内容：要分享知识、案例和干货，并分享训练方法和步骤。
作业：布置作业，引导用户去行动。

适合课程直播的平台有荔枝、有讲、小鹅通、千聊、喜马拉雅等，作业打卡平台有微博话题、简书专题、小目标打卡、鲸打卡小程序等，如图10-9所示。

图10-9 作业打卡平台

10.3 在朋友圈做造势营销，彻底打响个人品牌

很多人听到"造势营销"这个词就会联想到炒作，想到很多不好的手段。其实大部分人很少有机会能接触到炒作，其更多的是一些专业的媒体公关手段。例如，京东创始人和奶茶妹妹经常会成为热点，这是其背后的公关团队运作出来的，这样的不定时话题经常会成为各大看官的谈资，也为京东省了一大笔广告费，直接提升了京东的知名度。

那么，个人怎么做造势营销呢？在了解具体做法之前，我们先来了解一下造势。

自古以来,造势都是兵家必备技能。三国时期的孔明就是一个极其擅长造势的人。当年刘备赴江东招亲时,安排赵云令荆州随行兵士俱披红挂彩入南徐,这是孔明造势之计。其目的在于制造出一种热热闹闹办喜事的舆论声势。

用现代话来说,这既是表明来意的"安民告示",又有广而告之的"轰动效应"。结果,这一轰动效应惊动了乔国老和吴国太,孙权和周瑜的假戏不得不真唱下去,最后刘备得了孙夫人又保住了荆州。

在商业实践中同样需要造势。一个刚开张的新店铺经常会在开业当天的开业仪式上敲锣打鼓、请舞狮、现场放鞭炮等,以此吸引观众,这就是造势。例如喜茶,大商场楼下总是有很多人去排长队购买,雨天也不例外,很多人撑着伞也要排队购买。

刚上市的新产品知名度低,企业需要造势以提高其知名度,以势为其鸣锣开道;一个实力雄厚的名牌产品虽然已有了一股势,仍需继续造势,以巩固市场,提高形象。造势主要是制造出一种势头凶猛的场景,但是其最终目的是传播品牌诉求,达到策划者的某种目的。

朋友圈也一样,我们在朋友圈流量池造势的目的也很明确,如传播品牌诉求、固定地位等。朋友圈造势有以下两个实操要点。

(1)**造势要及时**。当制造某一种势头时,要及时,要趁热打铁。例如,你刚刚卖了一款产品,并且销量也很可观,那么在结束前就要准备好如何造势,如写故事、宣传文案,不断地扩大传播。

(2)**造势要吸引人**。另外,造势营销要吸引人,甚至让人觉得很惊艳,勾起好奇心,想知道发生了什么,到底是怎么做到的。

笔者在这里拆解一个案例,即锤子科技创始人罗永浩在星巴克打脸的视频。他打脸的原因是对星巴克服务员的引导营销感到疲惫和厌倦。

对于星巴克服务员的引导营销,一些不太客气的人可能会和服务员争吵,投诉服务员,向经理投诉。而罗永浩的行为却一反常态,让人震惊。他看了服务员一眼后,就开始打自己的脸,连续打了几巴掌,直到有人制止他。

正是这种让人大跌眼镜的行为让整件事情快速升温,而罗永浩也借助此事提升了自己的知名度和关注度。这个案例的造势营销诉求是从买咖啡的尴尬到知名人士的打脸,再到个人品牌传播。那么,换做是我们自己,我们怎么做呢?这里主要有3个步骤。

（1）找到造势点。造势点可以是针对某一事件，如公司卖了一款非常火的产品，然后进行炒作。

（2）准备布局，即做好准备造势的文章、视频、海报等。

（3）集中火力往朋友圈投放。

在此笔者和大家分享一个在朋友圈做造势营销的案例。当时，笔者一直在想怎么在圈子里扩大个人影响力，让别人知道笔者是做什么的，做出了什么效果。因此，笔者一直在找造势点，直到课程有3万人收听时，笔者终于找到了一个很好的造势点，即庆祝自己课程破3万人。

于是，笔者准备了文字云图片，在中午人们关注朋友圈的时间点，分3次集中投放了3张文字云图片。很多人看了后觉得这个创意非常好，头一次看到朋友圈出现这种玩法，如图10-10所示。

图10-10 文字云图片

正是因为文字云图片和内容同时发出，再加上一个大学毕业半年不到的新人能够单枪匹马单月做出3万人收听的课程，在新媒体圈是很少见的，所以制造了很大的声势，很多人知道了笔者在朋友圈这个领域做的小小成绩。

笔者还留了一个悬念，即中午给大家留一个彩蛋。这个动作既吸引了大家的注意力，也传播了品牌诉求。整个事件策划完结后，大家都知道了笔者是做朋友圈运营的。很快，笔者的品牌诉求目的就达到了。

最后总结朋友圈造势营销应该怎么入手，这里推荐黄金圈思考模型。如果把朋友圈造势运营交给你自己来做，你会怎么落地？

首先，思考"为什么要造势"。你想传播什么？希望达成什么样的效果？用一张白纸把你想到的一切全部写下来，列完后选择一个最真实可靠的想法，以及凭借现有的能力最能够实现的造势效果。

其次，思考"要造什么势"。是事件造势还是炒作造势？抑或是造神？也用一张白纸把想到的方法全部写下来，然后选择一种合适的造势方式。

最后，思考"如何去造势"。具体方法是什么？要用到什么手段？准备哪些物料？选择什么时间节点？需要找多少个人进行推广？同样要用一张白纸把想到的答案全部写下来。

一切构思和准备完毕之后，根据自己的能力和资源进行筛选，挑选出最适合自己的方法进行实操。在资金预算允许却无法自己实施的情况下，还可以考虑外包给专业的公关公司。

以上即为关于造势营销的内容，无论造势效果好与坏，笔者都建议大家去尝试策划一次。

通过分享，百倍放大个人影响力

如果你想在互联网上有所成就，那么一定要学会去做分享。为什么要做分享呢？因为只有做了分享，才能让人知道你的才华；只有分享出来，别人才能了解你的品性。

分享能够让别人更加认可你，佩服你，进而让人信服，被你所打动和折服，从而有更多的人愿意追随你。

做分享和不做分享的人，他们的互联网影响力一定存在很大区别。举个简单的例子，笔者在做分享之前没有多少人知道我是谁，更不用说有人跟我学习了。而做了分享之后的结果是，在一个平台超过 200 万人次收听，10万+学员跟着笔者一起学习。

很多还没有开始做分享的人，99% 以上的原因是觉得自己实力不够，认为自己没有拿得出手的东西可以对别人讲，但是谁一开始就会讲呢？谁不是从 0 开始的呢？下面和大家分享一个真实案例。

笔者之前有一个学员，她是一个宝妈，总是觉得自己没有东西能分享出来，但是她对带小孩一直很有心得。于是笔者就一直做她的思想工作，给她提供分享平台，邀请她来社群做分享。

在不断地激励之后，她终于决定做分享了。做完分享后，她说："我真的很紧张，我怕讲错，怕被别人说，但是讲完后我发现自己好伟大，好了不起。"现在，她学会了分享，并且到处混宝妈社群，找机会进行分享。通过分享，她自己也获得了成长。

所以，我们一定要学会分享，不管你分享的内容是大还是小，都值得对人说出来；你自己想到的、看到的、听到的、了解到的、所擅长的，也都可以分享出来。

除此之外，还要学会找到属于自己的分享形式。有的人擅长写，就分享文字、文章；有的人擅长说，可以做演讲分享、讲课分享；有的人擅长设计，他可以分享图片、艺术作品等。

不管你现在处于怎样的状态，都值得去找到适合自己的分享方式。哪怕只是认真地发朋友圈，配上精致的图片和经过大脑思考的文字。

但是，在分享的过程中，更多的是要通过分享去解决受众问题，即要有一种产品思维，因为分享不是自我满足。如果你想获得别人认可，让别人购买你的产品，那么这种产品思维是一定要掌握的。

那我们应该怎么做呢？笔者在此给大家分享一个词——**最小化可行性产品**（Minimun Viable Product, MVP），即在做分享时需要准备产品，但是这个产品不能等准备好了再去分享，而是要从最小的产品开始分享。例如，可以从最简单的图片、文字、文章、课程、演讲、图书出版等，按难易程度来实操。如果准备好一切再做分享，可能就会导致时间和时机的损失，也不能进行很好的产品迭代。

目前在互联网上影响人数最多、最快的方式有3种，即长期文字分享、主题直播分享、专题课程分享。长期文字分享即通过长期的互联网文章分享。笔者有一个好朋友是饭团第一人，他虽然不擅长讲课，但是很擅长用简短的文章写作，经常给大家分享各种神技以及高效实用的技巧，所以非常受欢迎。

第二种是主题直播分享，第三种是专题课程分享，这两种分享分别通过主题直播和专题课程来实现。找到分享形式以后，如何开始进行实操呢？主要有以下4个步骤。

1. 设计分享主题

关于分享，笔者认为最重要的是选题。选择一个怎样的课题才最符合身份背书，并能受到大众的喜欢呢？如何在两者之间取得平衡呢？

我们在设计选题时，至少需要从两个角度出发。

第一是从**自身的角度**出发，即思考自己最擅长的是什么话题、技能特长、过去做过的成绩，以及专业标签背书是否和自己想要分享的主题贴切。如果专业标签背书和分享主题不贴切，就很难服众，会被人推翻。

例如，笔者之前遇到过一个同学，他想分享千万用户涨粉计划的课程，于是找笔者帮忙推广。笔者问他自己有多少个用户时，他说不是很多。笔者又问他目前报名的人数，他说 200 多人。笔者的这个同学自己还没有做到涨粉千万，就出来做分享，可信度自然不高。所以，当自己还没有做到时就急于分享某个话题，当然没有任何可信度。

第二是从**用户的角度**出发，你要了解什么样的用户群体可能对你这个话题有需求。例如，年龄大小、性别比例、行业分布、用户的需求是低频还是高频、是刚需还是非刚需、用户是大众还是小众等问题都是值得我们去思考的。

如果你只考虑自己而不考虑用户，那你就是在自我满足而不是做分享。做分享必须要迎合用户需求，想办法满足用户需求，让用户听了你的分享之后认为有用，有启发，且最好能够进行实操，可以复制，能产生非常好的效果，这是检验一个好分享的基本准则。

2. 找到舞台听众

设计好主题之后，接下来就要找舞台和观众。怎么找呢？笔者认为有两个方向。一个是自己有分享的渠道和平台，这样是最好的。例如，自己建群、建立直播间。互联网上很多平台，如喜马拉雅、荔枝微课、千聊微课、有讲、一块听听、小鹅通等，在这些平台上都可以自建渠道来讲课。但是，要特别注意的是，平台虽然很多，但是选择一个适合自己的平台渠道，彻底玩转再去考虑其他平台玩法才是明智的做法。

第二个方向是找别人的渠道分享。例如，去别人的社群分享时，可以私聊群主争取分享的机会。另外，还可以去各平台上申请讲师分享。

3. 做好分享流程

找到舞台后，即可正式进行分享。分享流程也需要提前弄清楚，否则后期工作手忙脚乱，效果不太好。分享流程主要分为8个步骤。

第1步：分享之前做好充分的准备，包括内容、通知讲师到位。

第2步：提前通知大家上课。现在很多平台都有自动提醒功能，而提前通知更多用于社群通知。

第3步：课前暖场，需要有主持人告知今天的分享内容、时间、环节等，让大家觉得这是很热闹的场地。

第4步：介绍嘉宾是谁，有过哪些成就。

第5步：引入话题。

第6步：现场直播。

第7步：及时控场。因为现场分享可能会遇到故意捣乱的人，或者出现冷场情况，这就需要工作人员及时控场，把握节奏和气氛。

第8步：分享结束之后还要总结记录分享内容，进行后期复盘改进。

4. 传播分享结果

分享结束后，应快速整理分享内容进行品牌传播。例如，现场截图分享、发布分享逐字稿，以供大家复习。把品牌活动效果可视化，让别人看得到你在做分享，看得到你影响到了很多人。

长期坚持下去，就会有越来越大的场地。当越来越多的人听你分享时，影响力就会被扩大。所以，越懂得分享的人成长得越快，越聪明的人越懂得抢着去分享。

10.5 每天3条朋友圈，手把手教你成为朋友圈意见领袖

关于发朋友圈，很多人认为难的是不知道该发什么，文案应该怎么写。我们每一个人的朋友圈或多或少都加过一些比较厉害人物的微信，大家可以仔细留意他们是怎么发朋友圈的。

笔者过去的研究发现，朋友圈意见领袖都有如下几个特点。

（1）**有规划**：发朋友圈很规律，大概什么时间点发，会有时间区间。

（2）**有观点**：他们所有的内容都有自己独特的观点和主张。

（3）**有干货**：几乎不发广告，即使发广告也是偶尔推荐，相反经常分享干货。

作为普通个体，我们要怎么发朋友圈才有机会成为朋友圈的意见领袖呢？是一定要拥有多少粉丝、赚到多少钱、做出特别重大的成绩才可以吗？不一定，每个人都可以成为朋友圈意见领袖，每个人都能够成为朋友圈的特定话题创造者、引领者和传播者。朋友圈是一个相对封闭的社交圈子，再小的个体也有自己的特殊专长，再小的个体也有自己的发言权。

如果想要做朋友圈意见领袖，笔者认为倒推是一个比较好的方法，那么成为意见领袖的前提条件到底是什么？这里介绍3个要素，即专业技能、专业知识、专业话题。为什么要特别提到"专业"这个词？因为真正在某一领域有自己的经验、累积，有自己独特的想法和看法以及行动的人，是最有机会成为意见领袖的。但是，专业也只是相对的。例如，如果你是宝妈，我也是宝妈。我的孩子经常哭闹，更不愿意吃饭、挑食，而你的小孩却非常乖巧懂事。相比之下，你的育儿经验就比较足，所以你在育儿方面就是相对专业的，你分享出来的育儿类型的朋友圈就更具专业性。

但是很多人又会说："我发现我身上没有特长啊，我觉得我一无是处。"但是据笔者观察，大多数人并不是真的没有特长，只是很多人的特长和专业都没有得到很好的挖掘，没有放大自己身上的闪光点，或者说他们从来没有认真挖掘过自己的特长。实际上，很多特长和专业都是挖掘出来的，只是我们并没有尝试。

例如，笔者朋友圈就有一个女生，她说自己什么都不会，每天下班之后只会逛淘宝、购物，对什么事都提不起兴趣，但一提到购物就能滔滔不绝。

其实，她并不是一无是处，她是典型的淘宝达人，她懂得很多购物攻略技巧，哪里可以买到便宜又好看的东西，什么时间能够抢到优惠券，她比普通人更熟悉，在这方面她就是专家。所以，在"双11"前，笔者让她有意识地整理自己的购物攻略，每天通过朋友圈分享教程，很快她就靠这个技能赚到了钱，也成了这方面的话题引领者。

所以，优势都是相对的。那么如何做才有机会在朋友圈成为意见领袖呢？笔者结合过去的实战经验，为大家整理了 3 个步骤。

1. 挖掘特长

首先挖掘某一方面的特长，如对什么东西一直有兴趣，对什么话题有话语权，并且了解该话题超过 100 个细节。最后这一点特别重要，它直接检验的就是你的专业程度。就像很多人都会玩朋友圈，却不能像笔者一样开课程、出书，原因就是笔者比大部分人更了解朋友圈的玩法细节。

2. 优势定位

第二步就是找到自己的专业优势定位，即**我是谁？我是做什么的？我的专业特长是什么？我在该特长上取得了哪些成绩？** 例如，很多爱读书的同学经常说："我喜欢读书，读过 1 000 本书，是一级拆书家。"那么这就是很了不起的成绩，可以试着在这个角度做文章，分享读书心得以及读书方法论。

如果你没有做得这么厉害，怎么办？当你真的喜欢某一样东西时，就应该花时间、精力去补足这方面的能力。如果连时间都不愿意花，也不去练习，那么机会几乎是微乎其微的，毕竟机会都是留给有准备的人的。

3. 落实定位

找到专业特长，固化定位后，就到了最后一步：让自己慢慢发展成为意见领袖。一边努力分享输出，让自己的形象定位落地；一边长期通过规范内容输出来凸显自己的专业优势。

首先介绍形象定位落地。图 10-11 所示为"手机摄影构图大全"公众号的创始人龙飞老师的朋友圈。

从图 10-11 中可以看出，他的形象定位非常明确，一看他的朋友圈就能预感到他是摄影师。他的头像是拿着摄像机的形象，朋友圈内容也是他自己以及其学员的拍摄作品，这就直接体现了他的定位。

接着，不断突出个人专业程度。可以参考个人朋友圈内容专业、经验和细节塑造较强的人的朋友圈。如图 10-12 所示，这位学员是早餐达人，每天坚持给自己做早餐，然后拍照发到朋友圈。

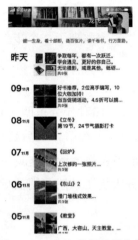

图 10-11　龙飞老师的朋友圈

图 10-12　朋友圈分享早餐案例

大家可以感受一下他的朋友圈，他的朋友圈内容质量很高，不管是文案还是图片，都是很值得欣赏的。如果你细心感受他的内容，就会发现他对早餐摄影的技巧非常有研究，也非常注意拍摄光线细节，而这样的细节恰恰就体现了他的专业。

他通过朋友圈巧妙地把自己的专业程度给可视化了，让每一个人都看得见，从而佩服他。这样坚持了两个月后，他开始影响到一些人，很多人慕名加他的微信想跟他学拍早餐照，他也很快就成为小有影响力的拍早餐照达人。

在朋友圈展示个人高价值，展示个人专业能力，笔者认为最有效的方式就是把你所在的某一个领域的100个细节可视化,晒出让别人意想不到的细节和做不到的细节。如果你能做到,那么你就是这个领域的意见领袖。

最后,如果想在朋友圈建立人们的固化认知,建议建立话题标签,不断地重复传播话题来形成朋友圈的品牌话题,就如玩微博一样。这样做的好处是可以帮助自己和粉丝搜索到这个话题。

总而言之,成为意见领袖背后的支撑点为:坚持行动,每天利用碎片化时间维护朋友圈,不断地强化技能专长和明确定位,不管是朋友圈碎片化还是文章和课程都要经常进行总结。

6大IP运营,用私域流量池撑起自由

任何人都期望获得财富自由,即拥有足够多的时间和金钱,做自己想做的事情。在过去,我们可能要经历千辛万苦才能达到这个目标;而在移动互联网时代,只要你有私域流量,就可以通过个人IP运营来实现财富自由。

1. 产品运营:明确定位,找到标签

对于个人IP来说,首先要明确定位,找到标签,要学会自我运营,即把自己当成一个产品来运营。个人IP运营者可以从生活中的一些自我运营开始做起,如下面这些场景。

(1)简历制作。例如,在求职简历中认真包装自己,拍一张漂亮的形象照片等。

(2)周末活动。例如,周末举行一个聚餐,邀请自己的好朋友或者一些重要的用户参与。

(3)分类营销。例如,在微信中对好友进行分组,并给他们打上标签,根据不同的标签来发朋友圈内容。个人IP在进行产品运营之前,还需找到自己的精准目标用户群体及其痛点需求。因为弄清楚了这一问题,可以有以下几个方面的好处。

①可以帮助自己生产出更符合用户需求的产品,这样的产品自然能够成为最受用户欢迎的产品,同时这样的产品也是最具市场竞争力的。

②可以帮助自己在后期的商业宣传、推广过程中更有针对性地进行推广,

减少宣传、推广过程中一些不必要的事项,从而达到更好的推广效果。

运营者首先要找准用户的全部需求,然后针对需求确定产品的主要功能,接下来根据目标用户群体的偏好选择优先打造的产品功能,最后确定用户对产品形成的核心需求,明确产品定位的相关技巧,如图10-13所示。

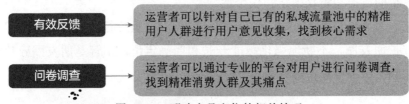

图10-13 明确产品定位的相关技巧

个人IP运营要明白一个道理,即你是一个怎样的人并不是最重要的,重点是在别人眼中你是一个怎样的人。因此,产品运营的最终目标是形成用户画像,找到产品标签,从而告诉别人你的产品是什么,对他有什么作用和价值。

2. 内容运营:内容生产和分发、蓄势

当个人IP运营者明确了自身的内容定位、用户需求、产品调性等因素后,接下来就可以进行内容的生产和分发,为IP热度蓄势。

个人IP要提升流量,吸引用户关注,提升用户的留存率,就必须有足够优质的内容,这是实现这些目标的基础,这样才能让个人IP持续获得用户的认可。

个人IP的内容多以文字、图片、语音、视频等形式来表现主题,如果想要自己的内容脱颖而出,就必须打造符合用户需求的内容,做好内容运营,用高价值的内容来吸引用户,提高阅读量,带来更多流量和商机。

如今是一个内容创业的时代,很多人通过将自己产生的内容出售给投资方的方式获得营销收益。好的内容可以极大程度地带动个人IP与粉丝之间的良性互动,提升粉丝的满意度,加强粉丝对个人IP的忠诚度。因此,对于个人IP运营者来说,需要记住的是,优质内容是打造爆款的关键所在。

例如,喜马拉雅FM平台上一个名为"有声的紫襟"的ID,他从一个"草根"主播,通过坚持输出优质的音频内容,享受到了平台的流量红利,如今已经成长为有声书类品最头部的主播之一,完成了从ID到IP的蜕变。他在喜马拉雅FM平台的粉丝数量达到800多万,而且大部分专辑的播放量都达到了上千万,甚至还有很多破亿的,月收入突破200万元。

3. 活动运营：借力造势，提高影响力

对个人 IP 运营者来说，做活动运营的主要目的就是借势与造势，以提高自己的影响力。运营者可以借助具有一定影响力的事件、人物或者产品等，通过策划活动运作，达到广泛深入传播个人 IP 的目的。活动运营的相关技巧如图 10-14 所示。

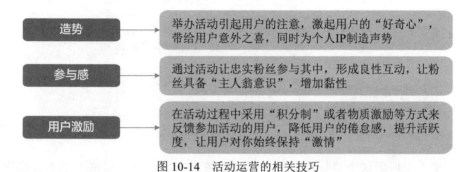

图 10-14　活动运营的相关技巧

4. 电商运营：私域流量的转化和变现

电商运营的主要目的是将产品更好地卖出去，实现私域流量的转化和变现，这也是每个个人 IP 必须要做的事情。

例如，"罗辑思维"在没有上线"得到"APP 时，为了能够变现，就在天猫平台上开了一家罗辑思维旗舰店，为粉丝带来精选好书、好物和各种知识服务产品，通过电商渠道来实现私域流量的变现，如图 10-15 所示。

图 10-15　罗辑思维旗舰店

5. 用户运营：提高用户生命周期价值

个人 IP 运营者可以把自己的意愿规划为一个核心目标，然后通过拉新、留存和促活等用户运营方式来分解目标，如图 10-16 所示。

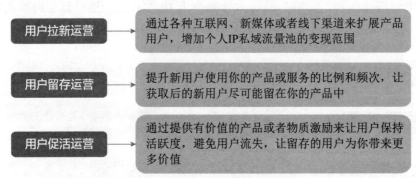

图 10-16　用户运营的目标分解

接下来根据这个目标制定可以操作的解决方案，最后根据方案来分配详细的任务，从而实现目标。

用户运营主要是为了更好地管理并提升用户价值，让用户能够深度参与到个人 IP 的产品或内容互动中，增加用户的生命周期。个人 IP 用户运营的最终目标是让用户按照自己的想法转发内容，购买产品，给产品好评，并分享给他的朋友，把用户转化为最终的消费者。

相较于物质激励机制促活用户而言，精神激励机制耗费的成本明显更少，它更多的是从满足用户的心理需求出发。相较于物质激励来说，其影响明显更持久。

6. 数据运营：验证反馈，持续优化

最后，运营者需要学会在各种新媒体平台后台或数据服务平台上查看数据并进行分析。对个人 IP 的运营来说，这是非常有效的，不仅能够验证过往的运营效果，而且可以帮助运营者更好地优化运营方案。

数据运营包括用户数据、内容数据和产品数据，下面分别进行介绍。

（1）**用户数据**。如果运营者想要了解平台的用户增长情况和用户基本属性，就应该做好用户数据分析工作，洞悉自身新媒体平台的用户，为安排具体的运营工作打下用户基础。

例如，微信公众平台后台可分析新增人数、取消关注人数、平台用户详细数据、平台用户城市分布以及用户省份分布详细数据等信息。

（2）**内容数据**。运营者基于个人IP账号发布的内容的各种数据情况来了解账号的发展现状，分析前段时间内容运营的经验与成果以及总结不足等。

只有具有高推荐量的内容，才能在更广的范围内被受众看到，这样才能提升用户阅读的更多可能性；相应的，评论量、涨粉量、收藏量和转发量也才能更高。

（3）**产品数据**。主要通过分析产品的展现量、点击量、点击率、转化率等数据来优化个人IP的选品，通过数据来验证产品的可行性并且进行迭代，以及制订产品的引流计划等。

例如，生意参谋就是一款专业的一站式数据分析工具，它按照数据分析、问题诊断、优化提高环环紧扣的逻辑设计，帮助运营者分析店铺产品的曝光、点击和反馈等效果，并且会针对性地给出诊断结果，同时提供解决方案，帮助运营者提升产品引流和转化效果。

第 11 章

变现力：赚钱才是检验运营能力的最终标准

> **学前提示**
>
> 新媒体时代将人们的生活带入了一个新阶段，朋友圈的营销也进入了一个快速发展的时期。对微商、网红、自明星运营者来说，微信运营的最终目的是赚取利益，实现品牌变现。因此，掌握多种赚钱模式是必不可少的。

> **要点展示**
>
> - 转化变现，搭建私域流量池的最终目的
> - 普通人如何做一个年入 11 万元的会员社群
> - 3 种微商变现的方式
> - 4 种 IP 品牌变现的方式
> - 6 种自明星变现的方式
> - 通过提供干货内容获取收益
> - 流量成交，把别人的人脉变成你的单子

第11章 变现力：赚钱才是检验运营能力的最终标准

11.1 转化变现，搭建私域流量池的最终目的

对商家来说，搭建私域流量池是一种典型的商业行为，其目的是实现卖产品，即转化变现。与公域流量的电商平台相比，在私域流量池中，有更多更灵活的营销方法来促进产品销量转化。

本节主要介绍私域流量转化变现的方法，包括活动促单、用户管理以及销售管理等，帮助商家提升私域流量的转化率，获得更多收入。

1. 活动促单：引入流量，提升商品的GMV

在移动互联网时代，电商的营销不再是过去那种"砸钱抢夺流量"的方式，而是以粉丝为核心，所有商家都在积极打造忠诚的粉丝社群体系，这样才能让店铺走得长远。其中，做活动营销就是一种快速获得粉丝的方法，能够更好地为店铺引入流量，给产品和店铺更多展示的机会，让商家彻底抓住粉丝的心。

例如，拼多多平台的电商活动有着极强的社交属性，通常会要求消费者分享活动，发动多人共同参与，从而帮助商品或店铺实现裂变传播引流。

以"多多果园"活动为例，其活动入口位于拼多多首页以及"个人中心"页面，这些都是高曝光资源位，参与活动即可坐拥超高流量。

"多多果园"活动可以帮助商家轻松提升销量，活动商品均会计入店铺销量。只要成为"多多果园"的供货商家，平台就会报销商品成本和运费成本，帮助商家降低推广成本。进入"多多果园"活动页面后，用户可以种植和培养树苗，当树苗长大结果后，用户可以获得免费的水果，如图11-1所示。

点击"领水滴"按钮，可以通过完成各种活动任务，如APP浇水赢转盘福利、每日免费领水、寻找宝箱、收集水滴雨以及邀请好友来种树等，获得对应的水滴道具奖励，如图11-2所示。

图 11-1 "多多果园"活动页面

图 11-2 "领水滴"任务

另外，点击右上角的"助力领水"按钮，可以邀请好友助力，获得水滴和化肥等道具奖励，如图 11-3 所示。

点击"打卡瓜分水滴"按钮，进入其界面，用户只需支付 10g 水滴即可获得参与打卡资格，成功打卡后即可瓜分水滴，该活动吸引了上百万用户参与，如图 11-4 所示。

图 11-3 "助力领水"活动

图 11-4 "打卡瓜分水滴"活动

这里介绍的只是"多多果园"的部分广告资源位，其中还有很多趣味社交活动，里面都包含了丰富的广告资源位，很适合商家植入各种场景推广。

拼多多平台上的每个活动都有自己独特的优势，商家只要利用得当，就可以在这些活动资源位中抓取到流量，从而提升商品的 GMV。

2. 用户管理：提升消费者的存留和复购率

对社交电商变现来说，活动促单固然重要，但是必要的用户管理技巧也是不可或缺的。互联网上的用户也有自己的个人信息和行为习惯，商家不能将他们当作流量，而是需要将他们当作真实用户来运营，提升用户的存留和复购率。下面介绍提升用户存留和复购率的相关技巧，包括以下 4 点。

（1）产品质量过关，超出用户预期，获得好的口碑。
（2）解决用户的痛点，从需求出发专攻一点。
（3）设置相应的奖励机制，如签到+积分+任务模式。
（4）用优质内容营销形成品牌效应，增强用户黏性。

另外，想要让用户活跃起来，利用活动是一种比较有效的方式。说起活动，大多数人脑海里会出现诸多与之相关的词汇。一般来说，只要是活动，其在促进用户活跃方面就会产生一定的影响。

社交电商运营过程中一般会选择那些能极大地活跃用户的活动。一些常见的促活用户的活动方式如图 11-5 所示。

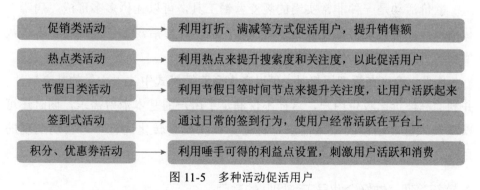

图 11-5 多种活动促活用户

例如，"砍价"活动不仅能够促活，而且还能引流。很多人第一次接触拼多多大都是在微信群和朋友圈中，如看到亲朋好友发来的"砍价免费拿"链接，如图 11-6 所示。

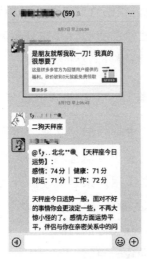

图 11-6 微信群中的"砍价免费拿"链接

用户只需在 24 小时内邀请到足够多的朋友帮忙"砍价",即可免费获得商品。这些帮忙"砍价"的用户在"砍价"的同时,也就会注册为拼多多的用户。

"好友砍价"是一种非常重要的营销手段,商家可以在拼多多中发布需要推广的产品或服务,然后制订一个原价与活动的优惠价,并规定相应的砍价人数。用户打开活动链接页面后,可以将其分享给微信好友,邀请他们一起砍价。邀请的人数越多,则可以砍到越低的价格,甚至可以免费获得商品。

砍价活动是一种非常实用的裂变营销工具,可以让拼多多形成"病毒"传播效应,尤其是将其投放到各种活跃的微信社群后,宣传规模将呈现指数增长,引流效果和范围会大幅扩大。

因此,商家在管理用户时,可以在电商营销模式中注入大量的社交属性,并利用高性价比吸引用户,这样不仅满足了用户的基本消费需求,同时还可以激发大量非刚性的效果需求,将更多社交流量转化为订单,实现变现的目的。

3. 销售管理:做好企业员工和团队的激励

私域流量池的用户运营是长久的工作,只有维护和管理好用户,才能最大化地实现用户价值的变现。因此,运营者要尽量减少群发,要让用户感受到诚意,当用户对你产生了足够的信任时,实现流量转化就会水到渠成。下面介绍几种维护和管理用户的方法。

（1）**设计激励机制，推动团队业绩。** 创业要想成功，必须要有一支能战斗的队伍，即拥有一支一流的创业团队。因此，商家需要做好企业员工和团队的激励机制，只有大家齐心协力，团结一致，才能让团队爆发出最强的战斗力，更接近成功。合理的激励机制可以对员工产生业绩激励，具体分析如图 11-7 所示。

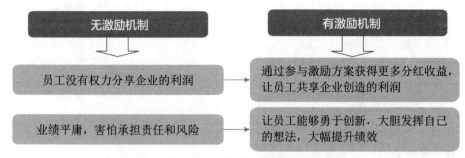

图 11-7　没有激励和有激励机制下员工的对比

（2）**做好客服管理，提升店铺销量。** 对社交电商变现来说，管理销售的主要工作就是做好客服管理，因为客服就是电商的销售人员。随着网店数量的增长，有两个问题日益凸显：一是店铺间的竞争越来越大，商家的生存发展变得越来越难；二是市场需要大量客服人员，而客服人员的素质却是参差不齐的。

因此，商家要善于打造懂用户、会销售的金牌客服，有效地提高客服人员的业务水平，增加产品的好评率，让店铺的销售额和口碑同时提升。

用户都是"要面子"的，如果客服人员能够在把握其心理的基础上采取相应的对策，那么销售将变得更加有针对性。同时，用户也更容易对客服人员留下好印象。对店铺客服来说，沟通是一门语言艺术，在与用户的沟通过程中，客服人员只有灵活地进行表达，让用户觉得更舒服，才能更好地促成交易，提高产品的成交率。店铺客服人员的销售技巧包括以下 4 点。

① 满足用户的心理需求，创造舒适的沟通氛围。

② 用情感牌打动用户，让用户信任你，卸下防备心。

③ 为用户购物提供理由，让用户主动掏钱下单。

④ 能够正确处理抱怨，通过沟通获得用户的好感。

11.2 普通人如何做一个年入 11 万元的会员社群

在社群时代，不是你圈人，就是人圈你。本节围绕策划、推广、文案、运营 4 个方面来分享普通人应该如何做一个年入 11 万元的会员社群。

1. 策划：整体规划粉丝社群

在做整体的粉丝社群规划时，一共有 7 个要点，如下所述。

1）5W2H 原则

首先是 5W2H 原则，即整体思考社群要怎么做。图 11-8 所示为 5W2H 原则的具体案例。

```
Why：我为什么要做社群？
What：社群能带来什么价值？
Who：社群成员是一群怎样的人？
When：什么时间点建立和推广？
Where：在哪里建立社群？
How：怎样执行我的社群策划？
How much：我需要多少预算？
```

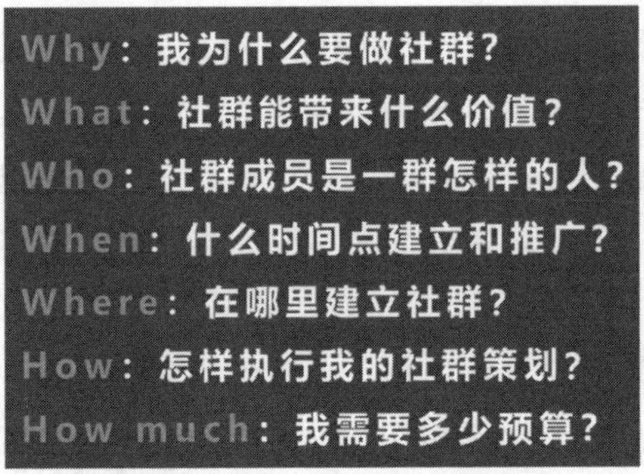

图 11-8　5W2H 原则的具体案例

再如，笔者的想法如下。

Why：我要做自己的粉丝圈子根据地。

What：陪伴成长，互相链接赋能。

Who：渴望成长，想链接更多优质人脉。

When：节假日、年末或者年初。

Where：微信群、知识星球、直播间。

How：年末预售未来一年社群年费。

How much：零成本可启动，风险可控。

2）社群定位需要考虑的 5 个因素

社群定位需要考虑的 5 个因素为价格定位、范围定位、规模定位、品类定位、人群定位，如图 11-9 所示。

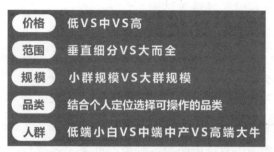

图 11-9　社群定位需要考虑的 5 个因素

关于社群定位，笔者建议大家思考 3 个问题：我到底要做一个怎样的社群？我到底要聚集怎样的一群人？我们在一起到底要做什么事？

3）建立社群的 5 个参考步骤

建立社群的 5 个步骤为找同好、定结构、产输出、巧运营、能复制。一般常见的社群结构有两种，即环形结构和金字塔结构。如果是做粉丝社群，那么笔者推荐大家使用金字塔结构，如图 11-10 所示。

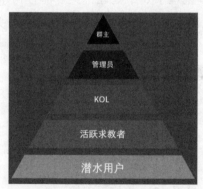

图 11-10　金字塔结构

4）规划你的社群玩法

接下来，我们应该规划社群的具体玩法。那么应该如何规划呢？笔者总结了 4 个问题，我们可以从思考这些问题来入手。

每年每月每周每日要做什么活动？

群成员应该输出什么价值内容？

社群是否已经设计好升级玩法？

群成员应该遵守哪些规则约定？

例如，端银 VIP 玩法规划如下。

活动：每周一次分享/故事计划/线下面基。
交流：每天不定时引导话题讨论+玩法。
福利：不定时派送惊喜福利，如免费课程。
规则：禁止广告、骚扰、攻击，违规劝退。

总之，核心为提供的价值要大于用户预期，只有这样，才能将社群经营得更长久。

5）确认进群筛选制度

通常来说，邀请用户进群的筛选制度有以下 4 种。

邀请制：适用于寻找 KOL 捧场。
付费制：建议全部付费进场。
申请制：适用于高端付费社群。
审核制：自我介绍/朋友圈/问卷。

6）公关危机应急处理方案

只要是做生意，就一定会出现用户不满意的情况，所以做好危机应急处理方案是必需的。笔者整理了 3 个处理方案，即任何不满意全额退款，再附赠礼物；恶意破坏，三观不合，直接劝退开除；危机公关，一认错，二道歉，三处理。

7）常见的社群问题解疑答惑

最后介绍 4 个大家在管理社群时经常遇到的问题。

定价：先尝试低价，再阶梯涨价。
推广：担心没有人埋单，可以先送一些出去。
运营：担心玩不转，先迈出去再想办法。
口碑：怕人吐槽，接受 20% 的好话就够了。

2. 推广：3大狠招零成本找到社群成员

将粉丝群整体策划好之后，不断地进行口碑传播转化也是非常重要的。传播的路径主要有 3 个，即**朋友圈口碑传播、公众号案例传播和接入流量口传播**。

其实社群招募推广和课程推广的逻辑是相通的，首先要想好策略，其次考虑赚钱变现。下面介绍 3 个方法，可以帮助你零成本找到社群成员。

1）低价推广做势能

前期应该低价推广，等招募到足够的人数，将社群势能累积起来之后，再慢慢涨价。值得注意的是，这里的"低价"指的是提供物美价廉的产品。换言之，提供的社群服务价值必须是具有高价值的，只是前期收费低。

很多人做不到这一点，总是一开始就把价格抬高，实际上这很难实现快速变现。在做这样一个低价策略的同时，还可以引用拼团满减、转发优惠××元的策略来让更多的已购用户帮助传播。

2）选择切合自身的推广策略

对社群而言，目前有 3 种常见的推广策略和思路。

（1）以老带新： 由社群老成员的口碑转介绍带来新用户，这种拉新的方法适合有一定势能和口碑的成熟社群。例如，一个老成员约有 3 个内荐名额，这样他们可以类推 3 位好友。通过这样以老带新的方式，每一期的招募几乎都会预约满。

（2）裂变拉新： 直接通过分销裂变，利益驱动，让已经进群或者外部的 KOL 帮忙推荐，推广者可以从中获取一定比例的提成，常见提成比例为 30%~50%。这个方法笔者在前文中详细讲过，这里不再赘述。

（3）漏斗拉新： 很多社群的拉新方法是组织一堂免费的公开课，在课程结束后，告诉成员还有一个更高级的课程和社群。如果想学习更多的优质课程，那么就要付费加入，他们会以这样的方式来进行漏斗转化。

对新社群而言，笔者建议使用裂变拉新和漏斗拉新策略，从中筛选出一些认可我们的人。按照这个方法，一般都能找到 200~300 个社群成员。等到这些人转变成忠实用户之后，也就慢慢累积了社群的势能和口碑。

在不同时期，我们的推广策略和节奏是完全不同的。我们必须要考虑到自己的势能、影响力和资源等问题，切忌生搬硬套别人的方法，否则会面临失败。

3）不断地进行口碑传播转化

用户的转化遵循一个转化公式，即付费人数 = 流量 × 打开率 × 转化率。如果想找到更多的付费用户，有两个步骤需要大家完成。

首先，找到流量所在地，即分清楚哪些用户是你想捕的"鱼"，然后进行精准性布饵，而非广撒网式筛选。这些流量入口可能是朋友圈、公众号、直播间等多平台阵地，总之流量口越多越好。

其次，要写一篇好的社群招募文案。写好社群招募文案有两个重要的考核点，分别为文案的打开率和转化率。

那么怎么写转化率较高的文案呢？请继续往下看。

3. 文案：怎么写转化率高的社群招募文案

写好社群招募文案可使用的策略有两个，即个人品牌和服务体系。个人品牌包括成绩、价值、情感，服务体系包括超值、口碑、效果。

笔者在写社群招募文案时，通常会包括5个要点，即超值低价、大秀成绩、口碑声誉、个人品牌、预期可控。图11-11所示为文案套路细节拆解。

- 开头吸引：这可能是全网最超值的社群
- 引发兴趣：为什么那么多人愿意加入一个94后社群
- 获取信任：个人经历 + 成绩 + 口碑案例
- 促使行动：列出收获 + 明细算账 + 逆反心理暗示

图 11-11　文案套路细节拆解

总之，管理好一个社群最好的办法就是让社群成员对我们产生持续强信任。做到这一点也不难，我们只需利用行动佐证、突出优异成绩、打造品牌故事、持续营销即可。但值得大家注意的是，付费社群增长过快也是有风险的。

有些人为了想快速达到预期的收入，会使付费社群增长过快，这样也会带来一些隐患。例如，管控与运营难度加大、社群交流信息量太大、意外问题、产生负面口碑的影响等。所以，在社群成员入群之前，我们需要严格审核把关，遵循自然增长。

4. 运营：集结一群人，持续彼此赋能

当策划、推广、文案等都做好之后，最后的运营也是非常重要的。大多数社群会有一个发展的过程，即萌芽期、高速成长期、活跃互动期、衰亡期、沉寂期。因此，社群运营的关键是彼此赋能。运营一个社群至少需要四大角色，如图11-12所示。

- 群主：社群灵魂,负责互动,统帅全群
- 群管：管理社群秩序,避免意外发生
- 活动官：负责社群活动组织/策划/执行
- 记录官：负责记录社群重要信息并存档

图 11-12　社群必备角色

作为社群的招募者,我们应该如何管理和培养运营人员呢?主要有 4 个步骤,即定时指导、及时奖励、特殊扶持、合伙分成。

总之,运营不是学来的,而是做出来的。社群的高端玩法必须具备核心社群的孵化、成员间的合伙、发展社群经济项目以及更多待探索和挖掘的项目。

11.3 3 种微商变现的方式

微商有 3 种变现方式,分别是发展代理商、批发式营销和打造微商品牌,本节将针对这 3 种变现方式进行相关介绍。

1. 发展代理商

微商是营销的一种渠道,而微商发展代理商,是指通过代理商来打理微商的生意,代理商赚取微商的代理佣金。如果将微商比作一个企业,那么代理商就是企业的销售员,销售员越多,企业产品的销量就越高,利润也就越大。

微商选择好一款产品后,要通过不同的媒体平台不断地吸粉引流,然后每天在朋友圈晒出收益、用户转账等图片,这样能很快地吸引其他的代理商销售产品。

只要微商的产品质量过硬、口碑好,就会有很多人愿意在朋友圈代理其产品。由此可见,发展代理商是一种极佳的变现方式。

图 11-13 所示为微商在朋友圈发布招代理商的信息,有些是在正文中说

图 11-13 微商在朋友圈发布招代理商的信息

明要招代理商，有些是在地址栏中显示招代理商。朋友圈招代理商的门槛极低，只要有营销、赚钱的欲望，也愿意付出努力，就可以成为朋友圈的代理商。

2. 批发式营销

在朋友圈从事微商工作比开实体店的利润要高，因为这样节约了很多硬性开支，如门店租金、店铺装修、人力成本等。所以，朋友圈的产品价格相对实体店而言也非常实惠，同品牌、同质量的产品，朋友圈的性价比会更高一些。

因此，微商品牌做得比较好，就会有很多其他的微商、微店或淘宝店主找微商拿产品，一拿就是几十件甚至几百件，并且是长期用户。这种批发式购买力度是非常大的，所以批发式营销也是微商变现的渠道之一。

3. 打造微商品牌

通过其他新媒体平台、短视频平台等，将自己打造成网红，不断地吸粉引流，当粉丝达到一定数量时，建立自己的产品或品牌。将粉丝引入微信平台，通过微信朋友圈、淘宝店、线下实体店等推广自己的产品或品牌，打造粉丝经济，赚取资金。

11.4　4 种 IP 品牌变现的方式

内容如果无法变现，就像"做好事不留名"。在商业市场中，这种现象基本上不会发生，因为盈利是商人最本质的特征，同时也最能体现人物 IP 的价值。如今，IP 品牌变现的方式多种多样。

1. 电商导流

现今普通网店的简单商品罗列已经很难打动消费者，因为消费者看不到他们想要的东西。很多消费者喜欢在网红店铺购物，他们可能并不是真的喜欢那些网红，而是觉得他们搭配的衣服好看，希望穿出和他们一样美丽的衣服效果。

另外，网红店主经常会在平台上发布一些对生活的感悟和对时尚的理解，这些内容也是吸引有同样爱好的消费者关注的重要原因，如图 11-14 所示。

第11章 变现力：赚钱才是检验运营能力的最终标准

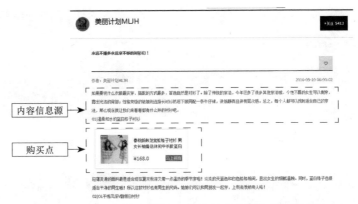

图 11-14　网红店主利用时尚内容吸引消费者购买产品

尤其是在淘宝这个时尚媒体开放平台，聚集了一大批以淘女郎为代表的电商红人，她们已经超越了产品本身，卖的更多的是一种生活方式和体验，其电商导流、变现是与忠实粉丝长期互动中自然演化而来的。

朱宸慧（昵称：雪梨）从一个留学生变为五颗皇冠的淘宝卖家，其中离不开她个人的努力，更离不开粉丝的支持。她拥有 1 083 万微博粉丝，是一个名副其实的 IP，如图 11-15 所示。

图 11-15　朱宸慧的微博主页

朱宸慧的淘宝店拥有 1 377 万粉丝，如图 11-16 所示。2019 年朱宸慧进行了 3 场直播，创造了 1.7 亿元成交额，累计场次观看总数超过了 6 000 万，这可以说是互联网电商的一个奇迹。

229

图 11-16 朱宸慧的淘宝店铺主页

"真实素材"的原创内容加上与粉丝的深度互动是朱宸慧成功的主要秘诀,因为这样才能给粉丝带来真正的信任感,获得的粉丝黏性远比"美貌"更靠得住,这是 IP 创业者们需要牢记的关键点。

2. 粉丝变会员

将粉丝变成会员,最直接的方式就是在各媒体平台中招收付费会员。其中有一个很典型的案例,即"罗辑思维"微信公众号。

"罗辑思维"以罗振宇为核心人物 IP,其推出的付费会员包括两种:一种是 5 000 个普通会员,200 元 / 个;另一种是 500 个铁杆会员,1 200 元 / 个。

这看似不可思议的会员收费制度,其名额却在半天就售罄了。"罗辑思维"为什么能够做到这么牛的地步,主要是因为"罗辑思维"运用了社群思维来运营微信公众平台,将一部分属性相同的人聚集了在一起,这就是一股强大的力量。

"罗辑思维"在初期的任务主要是积累粉丝,他们通过各种各样的方式来吸引用户,如公众号写文章、开演讲会、录视频教学、做播音等。等粉丝达到了一定的量之后,"罗辑思维"便推出了招收收费会员制度。

对"罗辑思维"来说,招收会员其实是为了设置更高的门槛,留下高忠诚度的粉丝,形成纯度更高、效率更高的有效互动圈。图 11-17 所示为"罗辑思维"微信公众平台。

第11章 变现力：赚钱才是检验运营能力的最终标准

图 11-17 "罗辑思维"微信公众平台

3. 图书出版

图书出版盈利法主要是指自明星或网红们在某一领域或行业经过一段时间的经营，拥有了一定的影响力或者有一定经验之后，将自己的经验进行总结，然后出版图书，以此获得收益的盈利模式。

自明星采用出版图书这种方式，只要自明星本人有基础与实力，那么收益还是很可观的。例如，微信公众平台"手机摄影构图大全""凯叔讲故事"等都采取了这种方式获得盈利，收益也比较可观。

图 11-18 所示是"手机摄影构图大全"微信公众平台的创始人——构图君出版的一本《无人机航拍实战128例》的摄影书，销量相当不错。

图 11-18 "手机摄影构图大全"微信公众平台出版图书案例

4. 商业合作

一些运营能力强的人物 IP 还可以用商业合作的形式来变现，通过巧妙的运营和炒作等手段，可以帮助企业或品牌实现宣传目标。其中，炒作是最常见的一种商业手法。通常，一个完整的炒作商业事件会有几个类型的人一起参与，如图 11-19 所示，通过多方紧密合作达到推广目的。

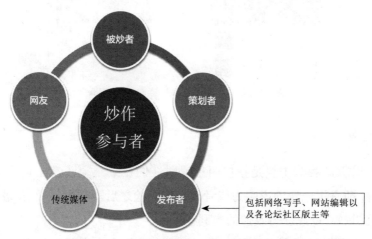

图 11-19　完整的炒作商业事件的相关参与者

在炒作的过程中，内容发布者运用首页推荐、热门专题等手法，对网络版面内容进行排布和优化，同时突出标题色彩，提升内容在网站上的排名，以获得更多的关注量。此后，电视、广播、报纸杂志等传统媒体又会从网络中嗅到这些热门内容，并将其转移到生活中，让那些远离网络的人也能将内容口口相传。最后，策划者、被炒者以及发布者即可获得现实的经济效应——广告代言费和出场费。当然，这些收入各方都有一定的分成，具体的分成比例通常会签订相关的协议。

11.5　6 种自明星变现的方式

由于自明星创业的成本比较低，现在越来越多的人通过自明星的模式进行创业，自明星这个职业也越来越受到年轻人的追捧。

自明星进行的一系列宣传、推广活动，最终目的都是吸粉引流、赚取利益，本节笔者将主要介绍自明星变现的6种方式。

1. 广告变现

广告变现是指自明星拥有一定的粉丝数量后会有超高的人气，而商家会请自明星为企业的产品代言，录制成广告视频后在媒体平台中进行宣传。商家通过自明星的粉丝流量来提高产品的销量，扩大品牌的知名度；而自明星通过广告变现，实现一定的收益。

2. 主播直播

自明星在直播平台中，通过直播营销，利用各种方法吸引用户流量，让用户购买产品，参与直播活动，让流量变为销量，从而获得盈利。下面介绍几种直播变现的策略，以供参考。

（1）**主播**：赚足视觉享受的经济变现。说起直播的盈利，最初主要是在秀场直播中获取的。对这种视觉享受的经济变现模式而言，最重要的就是主播。主播的素质和特长决定了营销的成功与否。秀场直播平台的主要收入包括3方面，即用户购买虚拟礼物的钱，用户虚拟身份等级划分制度，用户在平台开爵位、开守护。

由于秀场直播的营销模式比较简单，操作起来也很容易，因此它的地位始终比较稳固。我们需要更多的探索和发现，来不断改造和发展它。

（2）**直播平台**：满足用户需求来变现。对直播平台而言，用户的需求永远都是摆在第一位的。只有持续与用户进行互动，对用户提出的意见及时做出反馈并满足用户需求，才能推动营销的实现，获得经济效益。

以某直播平台为例，除了在内容上吸引用户以外，它还不断提升用户的直播体验。那么该直播平台具体是从哪几个方面做的呢？笔者将其总结为3点，即提供多种观看方式、实现一键直播功能、推出多个版本的移动端直播。

3. 短视频变现

短视频就是时间比较短的视频。视频是一种影音结合体，能够给人带来更为直观的感受。

随着移动设备端、移动互联网、社会化媒体的兴起与发展，短视频开始频繁走进大众的视野。短视频的兴起以第一个短视频的产生为基础，其发展也是依靠短视频应用的出现。国内短视频的发展历程,则主要以美拍、微信小视频、小影、抖音为主要代表。

当前,抖音 APP 是短视频变现非常火的平台之一,也是一个专注年轻人的 15 秒音乐短视频社区。该平台的用户黏性很强,在该平台发布的短视频,只要点击量上万,就可以快速实现短视频变现。

图 11-20 所示为某自明星上传的一段抖音短视频,阅读量 32.6W,评论 2.6W,转发量 2.5W,强大的流量直接实现了短视频的变现。

图 11-20　某自明星上传的一段抖音短视频

4. 网络微课程

网络微课程又称为线上培训,是一种非常有特色的自明星用来获得盈利的方式,也是一种效果比较可观的吸金方式。自明星如果要开展线上培训,首先要在某一领域比较有实力或影响力,这样才能确保教给付费者的东西是有价值的。

在采用线上培训这种盈利方式的自明星中,做得不错的代表有微信公众号"手机摄影构图大全"的创始人构图君。他主要专注于摄影构图领域,通过在微信公众号中定期更新一些高质量的摄影内容,吸引了大量粉丝关注和学习。

之后,构图君在千聊微课中开设了多门摄影课程,报名学习的读者非常多,这是典型的自明星通过网络微课程实现变现的方式。

图 11-21 所示为微信公众号"手机摄影构图大全"中发布的微课程以及千聊平台的微课程。

图 11-21 微信公众号和千聊平台发布的网络微课程

5. 形象代言人

形象代言人是一些明星、商界大腕、自媒体人等人物 IP 常用的变现方式，他们通过有偿的方式，帮助企业或品牌传播商业信息，参与各种公关、促销、广告等活动，促成产品的购买行为，并使品牌建立一定的美誉或忠诚。

例如，聚美优品的总裁陈欧是一位中国企业家、聚美优品创始人兼 CEO，其因 2012 年 10 月拍摄的第二支聚美优品的广告《我为自己代言》而迅速在网络中蹿红，让全国观众认识了陈欧这位自明星。

2013 年 11 月，陈欧拍摄的《光辉岁月——我为自己代言》3.0 版的聚美优品广告全网首播，陈欧再次出现在网络上，广告上线 24 小时，点击量突破 100 万，是一位流量非常大的自明星，他通过形象代言直接变现。

6. 出演网剧

对于那些拥有一些表演、唱歌等才艺的自明星来说，向影视剧、网剧等方面发展也可以得到不菲的收入。例如，《万万没想到》已经从单纯的网剧发展成为大电影——《万万没想到：西游篇》。《万万没想到：西游篇》其实在开播前就已经在变现了，它通过植入广告、网络发行等各种手段将 3 000 多万元成本收回，上映后还创下了两天 1.1 亿元票房的纪录。

当然，拍网剧的要求比较高，大部分网红、自明星还停留在微电影的阶段。其实,也可以在宣传时将"微"字淡化甚至去掉,这样就变成拍电影了,很多自明星都是这样宣传的,同样也可以受到粉丝的欢迎。

例如,比较有名的网商名人肖森舟,2006年成立电子商务工作室,经过多年的努力,他终于成为厦门十大最受欢迎的网商。肖森舟于2012年组建森舟商学院,又被淘宝大学认定为淘宝大学企业导师,学生遍布全国,红遍电子商务行业。

2015年,肖森舟主演电影《我的微商女友》,并于2016年1月上映。该电影讲述的是一位女性微商的从业经历,从痛苦、绝望到最后成功,深受观众喜爱。肖森舟通过出演电影,实现了变现。

通过提供干货内容获取收益

对小程序,特别是内容类小程序而言,内容付费是一种可行的变现模式。只要微信营销者能够为用户提供具有吸引力的干货内容,用户就会愿意付钱,而这样一来,微信营销者便可以用优质的内容换取相应的报酬。

1. 会员付费

内容付费比较常见的一种形式就是会员付费。会员付费就是指某些内容要开通会员之后才能查看。虽然开通会员需要支付一定的费用,但是只要微信营销者能够提供用户感兴趣的内容,许多用户还是乐意为之。

对于微信营销者来说,用户只要开通会员,便赚到了会员费,更何况在开通会员之后,用户还可能在小程序中进行其他消费。因此,很多内容类小程序都会采用会员制,为特定对象提供有偿服务。

当然,会员付费的变现模式的实行也是需要一定技巧的。如果微信营销者一开始就指明小程序哪些内容是会员才能观看的,那么用户为了避免付费,可能会直接放弃查看该内容。反之,微信营销者一开始如果并不指明哪些内容是会员专属的,当用户点击查看内容时,即便发现是开通会员才能看,只要内容足够有吸引力,又在能够承受会员费的前提下,用户便很有可能直接开通会员。

这一技巧在"吴晓波频道会员"小程序中就用得很好。当用户进入该小程序之后，可以看到图11-22所示的"吴晓波频道"界面。可以看到，在该界面中设置了专门的最新板块，在该板块中又提供了一些节目。

虽然每个节目都没有标明需要会员才能查看，但是当用户点击其中一期节目之后，很可能会在节目详情界面发现内容是有偿提供的，用户要查看就必须通过开通会员等方式进行购买，如图11-23所示。

图11-22　"吴晓波频道"界面　　　　图11-23　节目详情界面

大多数用户在遇到这种情况时，会根据费用高低决定是否购买。当用户看到180元/年，平均每天就几毛钱之后，再想到自己对这个内容确实感兴趣，可能就会直接开通会员。用户在购买某件产品时，无论这件产品是实物还是虚拟物，都会衡量它值不值微信营销者标出的价格。

所以，微信营销者要想通过会员制实现小程序的变现，就应该为会员多提供一些原创的干货内容。因此，只有在对内容感兴趣的情况下，用户才会心甘情愿地为它付费。

2. 付费看完整内容

我们经常可以在售卖某些食品的店铺中看到"免费试吃"，即商家邀请顾客品尝产品的味道。如果顾客觉得好吃，还想再吃，就要花钱买。其实，内容类小程序也可以运用这种变现模式。

例如，微信营销者可以将一小部分内容呈现出来，让用户免费观看，先吸引用户的兴趣。等用户看得津津有味时，顺势推出付费观看全部内容。这样，用户为了看完感兴趣的内容，就只能选择付费。

付费看完整内容的变现模式常见于一些原创文章或原创漫画中，用户在点击阅读时，可以阅读开头的一小部分内容，如果用户要继续阅读，则需要付费。

在视频类小程序中则会更多地将会员制和付费观看全部内容相结合。例如，在"爱奇艺视频"小程序中，对于某些电视剧，用户可以观看前面一些剧集，但是要观看最近更新的内容，则需要开通会员，如图11-24所示。

图11-24　"爱奇艺视频"小程序相关界面

付费看完整内容的魔力就在于，微信营销者通过免费提供的内容已经提起了用户的兴趣。而对于一部分用户来说，只要是自己感兴趣的内容，就一定要看完，或者是看到最新的内容。因此，这种变现模式往往能通过前期预热取得不错的营销效果。

可以说，付费看完整内容变现模式的优势和劣势都是非常明显的。它的优势在于能够让用户在尝到"味道"之后，对自己喜欢的内容欲罢不能，从而成功地让用户主动为内容付费。其劣势主要表现在用户可以获得一部分内容，这样一来，整个内容的神秘感会有所下降；另外，如果免费提供的内容不能吸引用户的兴趣，用户必然不会买账。

所以，微信营销者在运用付费看完整内容的变现模式时，一定要对提供的内容，特别是免费呈现的内容进行选择和编辑，确保它对用户是有吸引力的，否则内容的变现率很可能不会太高。

3. 听课前先交费

只要是对人有用的知识，它的传授者就会为其付出，获得应有的报酬。其实，在小程序中也是如此。

如果微信营销者是向用户讲授一些课程，便有获得对应报酬的权利。因此，通过开课，收取一定的学费，也是小程序，特别是内容类小程序的一种常见变现模式。

"得到商城"可以说是通过授课收费模式进行变现的代表性小程序了。用户进入该小程序之后，可以进入图11-25所示的首页。我们可以看到，该界面中为用户提供了一些课程，但上面都标了价格。

点击其中的某一课程之后，便可进入图11-26所示的课程相关介绍界面。在该界面，用户不仅可以看到课程的相关介绍，还可以购买课程自己用，或者将课程赠送给他人。

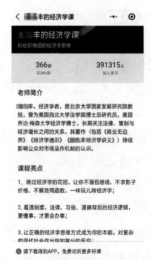

图 11-25　"得到商城"小程序首页　　图 11-26　某课程相关介绍界面

微信营销者要想通过授课收费的方式进行小程序变现，需要特别把握好两点。一是小程序平台必须要有一定人气，否则即便生产了大量内容，可能也难以获得应有的报酬。二是课程的价格要尽可能低一些。这主要是因为大多数人愿意为课程支付的费用是有限的，如果课程的价格过高，很可能会直接"吓跑"用户。这样一来，购买课程的人数比较少，能够获得的收益也就有限。

流量成交，把别人的人脉变成你的单子

在互联网时代，流量可以简单理解为用户关注度，有流量就说明有人关注你、信任你。流量也是一种非标品化的商品。流量成交就是通过流量交易的方式进行变现，尤其对电商行业来说，流量是生死存亡的命脉，流量越多，销量才会越多。

1. 人脉换金钱：流量变现的本质

私域流量池变现的本质就是用人脉换钱。比较典型的案例就是拼多多，不管是拼团购物、助力享免单还是砍价免费拿，表面上是争抢消费者，而背后则是在争抢消费者的人脉资源，这就是消费者的私域流量资源。

拼多多基于微信的社交生态，用户触达能力极强。例如，拼多多推出的"1分抽大奖"等拼团模式，用户只需支付1分钱，并邀请好友参与，即可获得中奖资格。拼多多通过这种极简的手法在短时间内俘获了大量消费人群。另外，用户还可以邀请更多好友积累"幸运码"，增加中奖的概率。

用户在拼多多购物时，可以直接使用微信快速支付下单，降低了支付门槛；用户还可以通过微信群、朋友圈等分享"拼团"，这种点对点的触达方式降低了用户信息筛查和商品选择的门槛。拼多多通过社交拼团快速聚集了大量低消费人群，实现了用户规模的快速增长。

根据拼多多发布的《2019年第一季度财报》显示（截至2019年3月31日的12个月期间），其年活跃买家数达到4.433亿。另外，拼多多的平均月活用户达到了2.897亿，这是2019年第1季度的移动端用户数据，该项数据仅统计了拼多多APP入口的月活用户，还没有包括通过社交网络和其他接入口访问拼多多平台的用户。

拼多多通过社交拼团不断裂变渗透到用户的私域流量池中，用户的人脉开始逐渐了解并接受拼多多这种电商模式，同时还会被优惠吸引并参与其中。从拼多多的用户分享机制可以看到，在不同的营销模式中，新人获得的奖励要远高于老用户，从而为平台的私域流量池持续注入鲜活的流量。

通过熟人的人脉来进行扩展，信任程度最高，引流成本最低，引流效果最好。利用人脉产生扩散变现，从而挣钱，这也是私域流量变现的本质所在。人脉可以帮助我们少走弯路，多走捷径，拥有更广阔的机会。

2. 交易变社交：让商业更有温度

私域流量和公域流量最大的区别在于信任，私域流量变现是基于熟人的生意模式。每个人从出生开始，其实就在打造私域流量池，我们的父母、家人是第一个私域流量；上学后，我们的老师、同学、校友是第二个私域流量；毕业工作后，我们的同事、用户、朋友是第三个私域流量。

由此可见，私域流量是有一定信任基础和感情链接的。因此，我们在进行私域电商变现时，需要将交易行为变成社交行为，让商业变现不再是冷冰冰的交易关系，而是有温度的社交关系，这样才能让私域流量变现更加长久地持续下去。怎么才能做到这一点？下面总结了3个技巧，如图11-27所示。

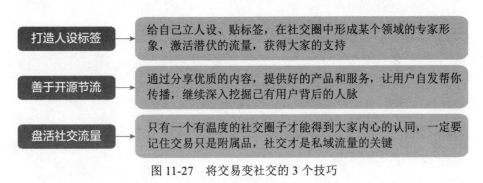

图11-27　将交易变社交的3个技巧

社交电商模式的本质是以"人"为中心，而不是传统电商的以"货"为中心。因此，我们在做私域流量变现时，也必须以"人"为核心，做好"人"的经营，通过人与人之间的信任关系来实现拉新和转化。